新人走进外贸圈 职业角色怎么选

黄涛 著

HOW TO CHOOSE THE PROFESSIONAL ROLE

中国海关出版社有限公司
·北京·

图书在版编目（CIP）数据

新人走进外贸圈　职业角色怎么选 / 黄涛著 .-- 北京：中国海关出版社有限公司，2020.1

ISBN 978-7-5175-0387-3

Ⅰ. ①新… Ⅱ. ①黄… Ⅲ. ①对外贸易—基本知识 Ⅳ. ① F75

中国版本图书馆 CIP 数据核字（2019）第 318206 号

新人走进外贸圈　职业角色怎么选

XINREN ZOUJIN WAIMAOQUAN ZHIYE JUESE ZENME XUAN

作　　者：黄　涛

策划编辑：马　超　郭　坤

责任编辑：叶　芳

责任监制：赵　宇

出版发行：中国海关出版社有限公司

社　　址：北京市朝阳区东四环南路甲 1 号　　邮政编码：100023

网　　址：www. hgcbs. com. cn；www. customskb. com/book

编 辑 部：01065194242-7585（电话）　　01065194234（传真）

发 行 部：01065194221/4238/4246/4227（电话）　　01065194233（传真）

社办书店：01065195616/5127（电话 / 传真）　　01065194262/63（邮购电话）

印　　刷：北京鑫益晖印刷有限公司　　经销：新华书店

开　　本：710mm × 1000mm 1/16

印　　张：13　　字数：167 千字

版　　次：2020 年 1 月第 1 版

印　　次：2020 年 1 月第 1 次印刷

书　　号：ISBN 978-7-5175-0387-3

定　　价：45.00 元

「前 言」

不知不觉间，中国已经成为世界第二大经济体，经济建设成果举世瞩目。欧美很多历史学者都在感慨，中国在世界上已经拥有了举足轻重的地位。然而，很多同胞，尤其是一些外贸同仁对此却没有准备。我曾在一次培训活动中问台下学员，我们国家外贸的历史有多久，有人回答从改革开放开始大概有 40 年了。这说明很多人对我们国家的外贸历史不了解。有历史记载，从汉武帝时起，中国就是世界工厂。丝绸之路是将中国的商品销往世界的主要陆上通道，而泉州、广州等地自唐朝开始就是中国的市舶使司（中国古代管理对外贸易的机构）所在地，见证了中国商品被海运出口的历史。作为外贸人，应该在精神上、物质上、行动上都做好准备。中国的商品畅销世界几千年，如今将继续远销全球。

2008 年之后，很多外贸同行都在讲，外贸不好做了。在外贸领域有一句名言："三年不开张，开张吃三年"，意思是外贸成单不易，但是外贸魅力无穷。外贸为什么吸引人？从后半句——"开张吃三年"就可以看出。外贸市场极大，中国有近 14 亿人，世界有 70 多亿人，外贸市场值得期待。外贸相比于内贸，涉及不同货币、法规、种族、文化、习俗、市场环境……所以，做外贸的周期和难度相较于内贸，要长得多、难得多，特别是做外贸至少要精通一门外语，做内贸的时候学方言就让人头疼了，做外贸讲外语是不是让人更头疼？因为有这么多让人头疼的事情需要去面对，所以做外贸看起来非常“难”。

“开张吃三年”的订单能不能不花费三年去谈？这需要外贸从业人员具备非常扎实的外贸基本功。为了缩短外贸的成单周期，给广大外贸同仁一些启示，我写下了这本书。

本书的写作目的是教会大家如何通过外贸规划人生、成就自我。外贸是一个统称，从事外贸行业要面对岗位的选择，如何找到最适合自己的岗位需要从业人员对自己、对企业乃至对行业有清晰的认知。本书帮助外贸从业者认识外贸各个岗位，为从事外贸行业的同仁进行职业规划提供一些思路和借鉴。

本书分为六章，第一章讲的是外贸的择业问题。是否应该把外贸作为自己的终身职业？如果做外贸，那么要到哪个城市去做？做什么行业的外贸？如何选择一个企业？如何通过面试、试用期，正式成为外贸大军中的一员？

第二章介绍了外贸岗位，分为找客户和谈客户两个板块。找客户板块按照信息收集员、美工、运营人员和推广主管等岗位进行讲述，谈客户板块包括业务员、跟单员和外贸业务主管等岗位的介绍。不同的岗位对业务技能和性格有不同要求，外贸从业人员应该根据自己的情况以及自身追求，有针对性地选择自己适合并且喜欢的工作。

第三章主要介绍外贸推广相关岗位的具体要求。信息收集员的任务是找客户或者想办法让客户找到自己所在企业，主要工作是研究产品关键词和标题；美工的任务是让客户对企业的产品或者服务有好感；运营人员需要根据预算来为企业（服务）设计场景，思考客户为什么需要本企业的产品（服务），客户在使用本企业产品（服务）时有哪些内心活动，对其他潜在消费者有什么带动作用；推广主管则需要从企业推广的全局的考虑如何选拔、培养、管理人才，达到企业推广的战略目标。

由于谈客户非常重要，因此，我分了三章详细讲解，分别是第四章、第五章和第六章。第四章主要阐述外贸业务员的具体工作和职业要求。外贸业务员必须对外贸流程非常熟悉，其撰写外贸商务信函和使用外贸口语的基本功必须非常扎实，在具体的外贸业务谈判过程中能够全面（线上、线下，不分时间、不分场景）、灵活自如地运用各种资源和技能达到销售目的。在某种意义上，外贸业务员需要非凡的“演技”，而且自己必须担任除投资人（这是老板干的活）外，包括导演、主演、灯光设计师、形象设计师、场务等一切角色。

第五章主要介绍外贸跟单员的相关要求。相比于外贸业务员工作的紧张刺激，外贸跟单员的工作显得比较平淡，但是外贸跟单员的工作是非常务实的。合同签订后的大部分工作，都是由外贸跟单员完成的。外贸跟单员需要制作外贸流程所需的各种文件；承担外贸业务涉及的企业内部、企业外部各个部门、机构之间的沟通工作；灵活处理订单执行过程中的各种复杂问题。所以，外贸跟单员需要具备很强的沟通能力并富有耐心，是个实干家。

第六章主要介绍外贸业务主管的工作内容和职业要求。商场如战场，外贸业务主管相当于野战部队的指挥官，负责“攻城拔寨”。外贸业务主管要负责选拔新兵、训练新兵的作战技能，并且带领野战军团执行企业各级“战斗”任务，关键时刻能够亲自出马，斩将夺旗，鼓舞士气。简单地说，外贸业务主管要勇往直前，其经验要可复制、能裂变。

这本书我酝酿多年，很多内容是我多年外贸培训课程的内容。本书在写作过程中得到广大外贸同仁的大力帮助，如中国海关出版社有限公司马超主任、郭坤编辑；焦点商学院段鹏；我的好友姚水攀、易振新等。尤其是马超主任，本书的提纲经其指点，几易其稿，逻辑关系更为清晰，而郭坤编辑更是在我写作的过程中给我提出了很多宝贵意见，在此一并感谢。

实践是检验真理的唯一标准。外贸成果是做出来的，所以本书以讲解外贸实例为主，侧重于方法探讨。希望本书能够为外贸同仁的职业规划以及实务操作带来启示。

黄涛

2019 年 5 月 23 日于珠海

目 录
CONTENTS

第一章 进入外贸圈

2004年，我考研再次失败，不得不开始找工作，为自己的生存奋斗。我是2003年大学毕业的，我们湖北人对学历重视，因此毕业后我没有马上找工作，而是选择了考研。第一次考研，我被英语成绩挡在了研究生院之外，因此，我对英语的痛恨可想而知。当时，我万万没想到自己未来会从事外贸工作，而英语会成为我糊口的重要工具之一。

第一节｜我适合进入外贸行业吗

一、我是如何进入外贸圈的

（一）考研失败，转做外贸

2003年，我并不知道浙江的外贸很火，只知道我国有4个工业基地。它们从北向南依次为：辽中南重工业基地、京津唐重工业基地、沪宁杭工业基地、珠江三角洲工业基地。于是，我在等待第一次考研结果期间，直接奔向沿海工业带找工作。我先去了广东，广东的企业当时要求必须会讲普通话，于是，我找工作失败了，回校继续考研。2004年再次考研失败后，我去了浙江宁波的慈溪市，投奔我的大学同学阿冲。

在我考研的时候，他已经在一家外贸公司工作了。到了慈溪之后，我看到刚工作一年的阿冲住着四合院，每天吃香的喝辣的，顿时觉得做外贸有前途。

当时我下定决心，必须找到与外贸相关的工作。不怕大家笑话，那时候我的心理预期是月薪 1 000 元。各位都觉得少吧？当时这个金额能在宁波的五环附近买一平方米的房子。所在地五环附近一平方米房价可以作为月薪的一个参考。

（二）初入人才市场

在阿冲家里待了大概30多个小时，我拿上简历，直奔慈溪人才市场。我发现几个清华、北大的高才生，我说你们不去北京、上海那些大城市，跑到二、三线城市来跟我们抢饭碗，你们对得起当初高考取得的优异成绩吗？于是，我拿出自己大学 4 年打篮球练出的步法，往人堆里钻。在人流中逆流冲挤半小时后，我还有余力进行一个小时以上的演讲，卖力推销自己。各位还没毕业的同学，我建议你们在大学多参加演讲比赛和辩论比赛，这些都对你找工作有极大的帮助。重要的时刻，你表现的时间也就那么几秒，平时参加辩论赛多了，就知道如何随机应变。

之后，我挤进一家公司的展位。在这家公司的展位上，简历堆得横七竖八，负责招聘的人根本不怎么看简历，主要靠看和听决定要哪个人。我将简历递给其中一位中年人，他随意翻了一眼，吩咐身后一位年轻小伙子：“你测试一下他的英文水平。”后来我才知道，在当时的沿海地区，很多老板不懂英语甚至连小学都没毕业，雇了不少英语过了专业八级的年轻人。我不能武断地说英语是最重要的，但是把英语作为招聘外贸人才的重要考题是符合市场规则的。那位小伙子用早已准备好的英文题目测试我的口语。我结结巴巴半天也没说出个所以然。几位面试官用一种挑剔的目光望着我，我知道自己没戏了。

再次挤了半小时，我又发现一家公司。这家公司的展位很简洁，只有两个工作人员。一位30多岁的男子很仔细地看了我的简历，开口说的第一句话就让我很感动，他说："你得过院级辩论赛冠军？"我知道自己有戏了。

我拿出当年在学校辩论的气势，尝试掌握谈话的主动权。胜负不是关键，关键是你是否掌握了主动，话题是否总是由你提出，讨论的重点是否围绕你的话题展开。当时我的阐述包括：询问该公司需要什么样的人才；我有什么能力；大学做了什么；作为毕业生我没有工作经验，但是对于外贸我有想法。

我说中国外贸企业的面试人员要搞清楚：企业需要什么样的人才？人才需要具备何等素质？面试和笔试应该如何设计？这些问题要根据企业实际情况设置。不是从网上下载几个考试题目就能够检测面试者的大脑构成与思维习惯。

终于，我听到了天籁之音："明天你来报道吧。"原来他就是老板。

（三）找工作的秘诀

第一，最重要的是找老板谈，只有企业的老板才关注自己要什么样的人才。人力资源部的人员在大多数中小企业做得最多的工作是办理入职和离职手续。如果你想找工作，那么最好找老板谈。只有他才有兴趣听你的想法。

第二，找工作的时候要敢于出击，将你要去的公司作为你的"敌人"，全方位地了解它的优劣，抓住重点"开炮"。如果你对它一无所知，那么拿出“拼刺刀”的精神，展示你的风采。这个时候，什么面试都没有标准答案，如果你有战斗力，尤其是想得到销售方面的岗位，拼博的精神就是王道。

上述两条是针对老板的，不可套用到其他面试官身上。如果是人力总监或者外贸经理来面试你的话，那么我建议你中规中矩一点，你展现的能力界于能用与不能用之间最好。毕竟没有中层管理人员喜欢强势的员工。这时，我们要学习庄子，在必要的时候弱势一些，面对中层领导，一定要低调。

至此，我在离开家56个小时后找到了工作。

接下来，我们来谈谈如何进入外贸这个行业。

二、确定岗位

如今，男女平等，女性在择业上的机会基本跟男性一样，在某些领域，女性还有天然优势。外贸行业就是如此，大部分从业者都是女性。那么，在大学毕业后，面对就业市场，要做什么工作，你心里有数吗？作为一个外贸行业的“过来人”，我有如下建议供大家参考。

（一）自身技能

首先，你至少要会一门外语。从我的经历来看，在学生时代好好学习外语，对你未来从事外贸工作绝对有益处。其实谈生意，最重要的是交流，你连沟通的工具——语言都不能掌握，怎么交流？虽然我在学生时代对英语不感兴趣，但还是下了很大功夫学习的。有些事情尽管我们心里不一定喜欢，但必须去做。

其次，你对外贸实务要有所了解。外贸到底是干什么的？从表面上看，外贸是跟外国人做生意，出口是卖东西给国外客户，进口是从国外客户那里买东西。那么，相比于内贸，外贸有什么不同？除了使用的货币不同，执行的法规不同，还有很多不同的贸易术语。你是否知道 FOB（装运港船上交货）跟 CIF（成本加保险费加运费）的区别？你是否能在听完客户的需求后，在最短时间内做出合同、发票和装箱单？

再次，建议你对经济学、金融学、财务知识和心理学等有一定了解。为什么这么说？虽然国家不同、公司类型不同、营利模式不同、不同客户的要求不同，但是外贸的内核不变，就是客户希望找到帮他营利的供应商或者合作伙伴。要想知道怎么帮助客户营利，你最好具备一些初级财务和金融知识，能够分析客户是如何营利的、为什么能营利、你能够在哪些方面帮助客户营利。这些就是你的核心竞争力。你怎么帮你的老板挣钱？想清楚这点，工作真的不难做。

最后，希望大家有一套自己的思维方法，能够快速分析各种不同的情况，然后提出不同的解决方案，在众多方案中选择性价比比较高的一种，快速执行，随时优化。这个能力怎么培养？刚毕业或者还没毕业的人怎么可能有工作经验？很多同学在大学期间勤工俭学，寒暑假都去打工，获取间断式工作经验。我个人认为这个经验值不一定高，但是可以增长见识。真正能提升个人能力的反而是我们在大学期间参加的各种学生工作。大学里的社团和学生会是完全的公益性组织，如果你是学生干部，那么你怎样让大家听你的？你不发工资给大家，只凭个人魅力？我建议在校的同学们多参加学生活动，起码参加几次学生会主席竞选，感受一下竞争的快感。如果你有幸成为学生会干部，甚至学生会主席，则要在干好干部工作的同时兼顾学业。如果你在大学担任学生会、班级等集体中 3 个以上职位，并且能坚持到毕业，那么，我认为你的职场基本功已经不错了。

（二）自身性格

性格决定命运。不同的岗位其实对性格都有一定的要求，有些时候，你选择工作不仅要考虑自己的技能，还得考虑自己的性格。我结合自身经历，把人的性格分为 3 个类型。

1. 情感驱动型

此类人的特点用一句话概括是：一切跟着感觉走。这种性格做外贸可以吗？答案是可以。很多国家的客户也是这样，看似很理智，但是他们在作决定的时候，不一定凭借理智，而要看他是否喜欢你。情感驱动型的人一般在刚开始时占尽优势，他们是快热型的，能够马上进入状态，如果能把热情多保持一段时间，则成功率会高很多。如何让自身的热情持续下去，对他们来说是难点，也是重点。

2. 理智驱动型

此类人的特点用一句话概括就是：权衡利弊的高手。他们作决定的速度虽然慢一些，但是步伐非常稳健，在没有彻底分析出利弊之前，基本不会作出什么决定，唯一的问题就是机会可能在其权衡利弊的过程中被错过了。只要没错过机会，此类人作出的决定绝对是最佳方案。如何在比较短的时间内完成利弊权衡，是他们工作的难点和重点。

3. 目的驱动型

此类人的特点用一句话概括是：不达目的不罢休。他们所做的一切都是为了达到目的。他们以目标为导向，以达成目的为原则。他们属于那种任何公司都喜欢的、执行力超强的人。结果很重要，但是过程也很重要，实现目标的手段同样重要。如何兼顾集体和个人利益是他们要面对的难点和重点。

有人说自己哪一种都不是，属于混合性格。属于哪种类型要看你作决定的时候主要根据什么，是理智还是情感、目的？哪一个是主要因素？是否在考虑自身需求的时候，也同时考虑了集体的利益？能否进行多维度思考？

（三）自身爱好

事业不是短跑，它更像长跑，所以你最好选择自己喜欢的。打个比方，你爱玩电子游戏，这可能在一般人眼里是玩物丧志的表现，但是这也说明你能长时间坐在电脑旁（这里必须注意：久坐伤身），在外贸领域这就不一定是缺点了。做外贸要么用电脑，要么用手机。如果你把外贸工作当作真人版的游戏，那么获得订单就是完成游戏任务，你拿出玩游戏的精神，不断地调整、优化方案，获得订单只是时间问题。一般人可能没你坐得住，这就是比较优势①。

在外贸领域，爱玩的人可能获得订单的机会比一般人要大。外国人相比于中国人，没那么勤奋，每年都有很多假期，很会玩，而你如果也比较会玩、爱好多，你遇到的又是情感驱动型的南美地区或者澳大利亚的客户，那么你获得订单的机会就比一般人大得多。为什么？因为客户认为你会生活、有品位。我不是让你不勤奋，而是告诉你外贸需要的“勤奋”更多在用脑上，千万别把我说的这些当作懒惰的理由，梦想着蒙头床上睡，钱从天上来。那是不可能的！

① 比较优势是指一个生产者以低于另一个生产者的机会成本生产一种物品的行为，被广泛用于各种竞争合作的比较当中。

三、确定行业

对于大多数中国人来说，为什么要努力学习？答案基本是考个好大学，找个好工作。然而，什么样的工作是好工作，是稳定的工作？激烈的市场竞争让一切都不那么稳定。如果一定要我在万千行业中推荐相对“安稳”的行业，那么我推荐两大类。

（一）刚需行业

什么叫刚需行业？就是人们生活离不开的行业，比如衣、食、住、用、行相关行业。这些是人们每日都不可或缺的。其好处是不可或缺，坏处是做的人比较多，要想脱颖而出，需要很好的品位。为什么我用品位这个词？因为刚需产品的价格、质量差距不是太大，而且用户很难推断出哪些产品有优势。所以，刚需行业的产品，卖的不是刚需，而是一种生活品位，比如吃饭是为了果腹吗？穿衣是为了御寒吗？开车是为了代步吗？在刚需行业想要脱颖而出，需要有品位、会生活、会提炼生活要点并能够将其推而广之。

（二）高新技术行业

什么属于高新技术行业？人工智能、航空航天、基因技术等。高新技术行业其实就是高薪行业。单以挣钱为指标的话，高新技术行业绝对是好行业。它不仅代表现在，而且代表将来，是流行趋势。唯一不好的是，高新技术行业对知识和技术的要求太高，一般人恐怕难以进入。如果你大学学的知识过于浅显，而你又想进入高新技术行业，那么你业余时间必须好好地增加一下自己的知识储备，多看看哲学书籍，关注未来人类生活的走向。如果你从事高新技术行业的外贸，那么你需要思考未来为谁提供什么产品和服务；解决人类的什么问题；对人类未来的生活有哪些引领作用。

四、确定企业

（一）确定地点

俗话说得好，天时不如地利。找一个自己喜欢的城市工作、生活，才是真正幸福的事！

1. 产业布局

选择比努力重要，这句话非常正确。想要在万千城市中找到你喜欢的城市去工作，你必须先知道国内的产业布局。稍微有点工作经验的人会发现，其实城市就跟太阳系一样，地球围绕太阳转，月球围绕地球转。城市中一定有一个是工业中心城市，其周边城市为其提供配套资源和产业链上下游相关产业资源。我们国家由北向南有几个关键的工业带，依次是辽中南重工业基地、京津唐重工业基地、沪宁杭工业基地和珠江三角洲工业基地。其他地区不是没有工业，而是能形成产业链、辐射面积广的工业区的只有以上几个。

选择哪个城市，要看自己喜欢什么。即使是做外贸，卖什么产品或者服务也跟你选择的区域有关。做重工业肯定得选择长江以北的城市；做轻工业，那么珠江三角洲一带是个不错的选择。只有产业链上下游配套衔接好，你才能发现工业带的魅力。我一直不担心未来东南亚等国工业崛起会影响我国的“世界工厂”地位。最大的原因是东南亚没有一个国家的工业产业布局是完整的，具备轻、中、重全产业链生产能力。产业链只有结合得非常紧密，各行各业才能都繁荣，在这样的地区找工作，你会发现可以选择的公司很多。否则，你会发现你只能卖点原材料或者初级加工品，而且可选的企业数量也不多。经济发展不好的地方产业结构单一，而且配套资源不足，无法形成内循环经济。

2. 重点城市

要找相对好一点的工作，工业基地中的中心城市的机会肯定会多一些。上述 4 个工业基地中最典型的城市是北京、上海、广州、深圳。

北京作为首都，既是政治中心也是文化中心。很多国企和跨国公司的总部都在这里，其资源可谓得天独厚。能到北京发展，人的能力和眼界自然大为不同。

上海作为传统工业城市，是我国的金融中心，是长江三角洲地区的中心城市，有很多跨国公司的总部在这里。相比于北京，这里的贸易气息更为浓厚。所以做外贸的条件得天独厚。

广州很早就是中国对外出口的窗口，是中国最早建立市舶使司的城市之一。其轻工业体系非常健全，在这里举办的中国进出口商品交易会（即广州交易会，简称广交会）更是驰名中外。对于做外贸的人来说，到了广州没有参加广交会，跟到了北京没去天安门广场和长城差不多。广州的展会特别多，比较适合口语好、会面谈的外贸同仁。所以，广州作为一个外贸展会标杆城市，外贸人在这里工作，能够“近水楼台先得月”。

深圳是一个非常年轻的城市。这么说的原因有两个：一是她的历史不长，二是生活和工作在这座城市的人年轻。深圳可以说是中国最具创新力和活力的城市。其生活节奏已经超过欧美很多一线城市，想快速成长的年轻人可以选择去深圳。深圳的发展速度位于世界前列，特别适合那些敢于挑战自己极限的外贸同行。

我不得不感叹，如今二、三线城市的公司招人非常困难。一方面其人才梯度相比于教育资源丰富的一线城市来说，确实有所不足，需要企业投入大量的培训资源；另一方面，企业培训完，人才在能力提升后，基本会流向北京、上海、广州、深圳。经我培训转而去广州和深圳工作的年轻人数量早就在两位数以上了。所以，二、三线城市的企业一定要有特点，这是留住人才的法宝，本书后面的章节会详细讲解企业“内部特点”的打造方法。

（二）选择企业

1. 企业性质

当你最终确定自己喜欢哪个城市后，要面对的问题就是如何在这个城市稳定下来乃至扎根，然后是如何报效祖国。在报效祖国之前请先把自己的房租、水电费赚到手。生活品质取决于你选择什么企业，企业决定了你的收入。根据企业性质我们大体可以把企业分为以下几类。

（1）国企

国企涉及的一般是国计民生行业，管理比较规范。相对而言，进入国企的门槛比较高，国企对学历和岗位资质要求比较高，收入不错，工作比较稳定。选择国企主要看行业。

（2）私企（也叫民企）

私企相对于国企，稳定性差很多。其管理水平取决于企业老板的个人能力，其收入水平在某些行业比较高，但是不一定能持续。选择私企主要看老板。

（3）外企

外企比较复杂，有中外合资的，也有外商独资的，要根据控股者来确定性质。一般来说，外企的管理相对规范，薪水也相对高一些，但是对个人的专业要求也要高一些，至少外语水平要高。外贸人员如果选择外企，则必须预判个人专业能力和学习能力。

2. 营利模式

只有公司的效益好了，个人的收入才能高。公司的效益取决于企业的营利模式。那么，企业的营利模式有哪些呢？我认为有如下几种：

（1）工厂靠制作并销售某种商品营利。所以，选择工厂作为自己的工作单位主要看工厂生产的商品。

（2）贸易商靠买卖商品挣差价来营利。选择贸易商作为工作单位要看企业的信息处理能力。所以，贸易商实际做的是信息处理工作。如果要选择贸易商，你就要判断这家公司收集信息和处理信息的能力如何。从外行的角度，先看“硬件”，即看办公室有多少台电脑、多少台处理器；再在面试的时候问“软件”，比如公司一年参加多少次展会、使用了哪些商务平台等。

（3）服务商靠出售服务营利，比如高科技研发公司、培训和咨询机构、商业服务公司。选择这些企业要看其行业服务的范围以及服务的主要客户。

（4）初级原料供应商，比如农业、矿产、能源等领域的供应商，这些企业都是“靠天吃饭”的。所以，选择这些企业要看地球的资源分布，看资源的时间价值。

只有大致明白企业靠什么挣钱，我们才能成为帮企业挣钱的一分子，挣到自己该挣的钱。

五、简历制作

前面讲的内容对于找工作来说都是思维层面的，现在我们谈谈具体的实操内容。首先，我们要做的事情是让别人了解我们。做一个像样的简历，让招聘单位看了就对我们感兴趣。那么，简历该怎么写？

（一）自我介绍

1. 基本情况

（1）姓名。姓名只是一个代号，但也能看出一些家庭信息。

（2）年龄。该年龄阶段的人是年富力强还是初出茅庐？有什么优势？

（3）性别及婚姻状况。虽然一个人的性别对工作没有什么影响，但是其如何平衡家庭和工作会对工作产生影响。婚姻状况决定了一个人的工作状态。一个人对家庭的责任感不同，对工作的要求也不同。

这些简单的基本情况隐藏着很多信息，能影响用人单位对你的印象。例如，你是女性，刚结婚，很多用人单位就要关注你的生育情况了，万一你工作一段时间就要休产假，公司会很被动。虽然这样显得比较功利，但这是事实，企业是营利机构，特别关注成本和收益。

2. 学习经历或者工作经验

你是谁其实对于用人单位来说不重要，重要的是你能做什么。

学习经历决定了你的专业水平，学历可以证明你的智力水平和对知识的掌握程度。高新技术企业招人，尤其是招研发人员，会关注你师从何人，发表过什么论文，在世界科技重要排行榜上你是否有排名、排名第几，这些会影响你的岗位和收入。

工作经验决定了你的实践水平，可以证明你解决实际问题的能力。如果你在很厉害的企业工作过或者曾经服务过很厉害的企业，那么你的实践能力自然在平均线以上，企业对你的印象肯定不一样。

3. 独家技能

这一点非常重要，这是你区别于其他人的最重要因素。你要告诉用人单位，相比于其他人你在哪些方面有独到之处，你的优势能够帮助用人单位获得何等效益。

（二）自我规划

1. 人生理想

你的理想决定你的思考维度和未来事业能达到的高度，比如你的理想是挣钱还是满足人类社会的某种需求。这会影响用人单位招聘部门的领导对你的看法。同时，个人追求也是自身工作积极性和持久性的核心推动力。你需要思考：你的人生价值是什么？你为什么奋斗？你未来要达到何种职业高度？

2. 个人规划

个人规划是人生理想的具体落地方案。你如何实现理想、你的个人规划与用人单位的用人规划是否相符，比如你想在某个城市发展，而用人单位在另外一个城市，你们二者的要求显然不一致。通过个人规划，企业能看出你的计划性和计划的可操作性。一般来说，自己的事情都规划不明白的人，公司的事情也规划不了。

第二节丨面试，有备而来

做好简历，然后发给自己的意向企业。如果恰好用人企业对你感兴趣，那么激动人心的一刻——面试就来临了。要想通过面试，我们需要做哪些准备工作呢？

一、技能准备

（一）笔试

1. 商务思维

其实每个岗位严格来说都是销售，包括跟单员。只不过跟单员是把自己“销售”给企业内部同事和外部机构；美工是把自己的图片“销售”给同事。要做好外贸工作，必须有商务思维。商务思维的基础是考虑收益和成本，简单地说，就是在面试环节如何向企业证明，雇用你对企业来说是有收益的。企业支付给你的工资是成本，企业得到的你的工作成果是收益。你要考虑企业雇用你能获得哪些收益？为什么这些收益大于企业支付给你的工资？如何体现你是超值的？

2. 商务信函（外语）

商务信函对于外贸业务员来说是核心考察项目，对于其他岗位来说也是应具备的基本功。即使你是美工，你做的图片上的文字也是给外国人看的。这里我们重点谈商务信函。

我接受过的以及我设计的商务信函考核，一般有如下几种形式。

（1）对于刚毕业的大学生、没有经验的人：一般考察思维能力。要么让应聘者用英文畅谈个人理想，要么让应聘者写一个产品销售规划书，比如他准备怎么卖产品，他的思路和方法是什么。刚毕业的大学生可以没有经验，但是不能没有思维能力和基本功（至少外语写作水平要好）。

（2）对于外贸业务员、有一定经验的人：直接拿公司以前未成交的意向询盘信函来考应聘者，看其有无办法激发客户的购买欲、有无新思路。如果应聘者解决了公司的思维盲点，写出了新思路，公司就“捡到宝”了；如果应聘者没有什么新思路或者方案，则看看应聘者的功底和思维能力如何。即使应聘者写的没有任何亮点，对企业来说也没有什么损失。对于应聘者来说，要有预案，要明白企业找你来是解决问题的。

（3）对于外贸高手、经验丰富的人：一般让应聘者写商务规划书，即站在他的角度怎么卖产品。他如果写得好，则公司直接“捡到宝”，否则看看他是否有哪些亮点，尤其是原来不在这个行业的人，其行业思维盲点会少一些；如果没有任何亮点，则基本不会被考虑。企业会培养技能型人才，但是对于战略型人才，如果连面试都通不过，则基本没有被录用的可能。对于应聘企业高级职位的外贸人员来说，应聘前，应该准备一套预案，包括自己在哪个职位，如何调度资源、权衡收益和成本等。把打工当作创业来思考，一般效果不会太差。

（二）面试

1. 自我介绍

无论你在什么岗位，都要能够用简洁的语言告诉别人你是谁、是干什么的，你大致的做事风格、做事逻辑与思维方式。这可以让那些可能与你合作的人，在内心权衡能不能跟你合作，是否值得跟你合作。

2. 随机选题，即兴演讲

这需要应聘者要么有阅历，要么有知识储备。外企和大型企业的应聘考题，很多根本没有标准答案。公司主要看应聘者的思维和表达能力，所以会随机就某个话题让应聘者展开论述。这需要人在最短的时间内思考如何构建观点、组织语言，并将其按照某种逻辑表达出来。商场如战场，谁也无法选择客户、选择用哪种方式跟客户开启话题，很多时候需要我们随机应变。这是需要训练的，我们要么见多识广，要么知识渊博，思维和表达能力都要过硬，性格要开朗，不至于战战兢兢、闭口不言。

二、心理准备

很多高手在面试环节被淘汰，其原因不是专业能力不行，而是心理准备不充分。心理素质导致发挥不好的问题不仅会出现在高考考场，而且在面试环节也司空见惯。

（一）心态

1. 根据面试官的身份确定表现张力

（1）面对老板：英姿勃发地展现个人能力

在企业内部，相对来说，最喜欢人才的是老板。我们耳熟能详的礼贤下士的故事都发生在顶级大佬与高级人才之间。所以，在面试环节，如果你遇到的是老板，则不妨稍微个性化一些，最关键的是展现自己的能力和比较优势。对于有些老板来说，人才是核心资产，不管自己用不用，也要先收为己有，不能让其流向对手。从我的从业经验来看，如果面试你的是老板，那么基本说明你是某个方面的专家，人事专员或者主管没有把握测试你的能力，他们愿意把你推荐给老板，说明这个企业对人才还是比较看重的。企业老板的时间非常宝贵，他愿意将其花在你身上，请你务必珍惜，好好表现。

（2）面对外贸主管：学习庄子，侧重于纪律

如果面试你的是外贸主管，那么，你应该学习庄子，在“才”与“不才”之间，规规矩矩地表现自己的各项能力，尤其是团队合作意识和纪律，多一些亲和力，少一些狂士风范。你无法确定面试你的主管是虚怀若谷还是嫉贤妒能。如果你能力太强，狂士风格又明显，主管的胸怀跟

老板没得比，他会权衡你是来助力的还是来“砸场子”的，或者未来是不是会抢他的饭碗，那么你被拒之门外的可能性极高。

（3）面对人事主管：重点体现专业度

如果面试你的是人事部门的人，那么，你礼貌、得体地体现专业度即可。除非人事部门的人是在企业所有岗位都轮岗过的人，或者是老板家人、亲戚或者创业元老，一般来说，他们对于某个岗位可能钻研得不是那么深刻，你能体现专业度即可。另外，礼貌不仅表现在语言和仪态上，还表现在衣着上，要穿适合的服装，穿嘻哈风格的衣服（影视圈某些岗位可能需要这样）去应聘外贸岗位不太好。人事部门的人对于应聘者的外形要求会比较高。庞统投奔刘备，刘备给了他一个县令的职位，如果他遇到的是刘备麾下的人事专员，估计就只能回家了。所以，面对人事部门的面试官，在体现岗位专业度的同时，也要兼顾外形。

2. 展示自我即可，成败随缘

无论是企业还是个人，都有自己的原则和要求，不要有“面试一定有结果”的想法。从企业的角度来说，目标肯定是找到自己需要的人才；从个人的角度来说，如果没找到自己能施展能力的岗位，仅仅为了工资去工作，那么，既发挥不出自己的优势，也浪费了时间，最终还浪费了企业的这个岗位。从长远考虑，个人要真实展现自我，无须刻意迎合。至于结果，就只能一切随缘，被哪家企业拒绝了也无须哭天抹泪。阿里巴巴集团创始人马云先生，在找工作时曾被肯德基拒绝，但他没有灰心。2016 年，阿里巴巴旗下金融子公司蚂蚁金服与春华资本共同收购肯德基所属公司百胜中国 4% ~ 6% 股份。所以，人生的路不止一条，要找到成功路径，需要阅历。不被人欣赏时，要学会转换思路，换个方向，尽量找能够与你相互欣赏的企业或者伙伴。选择比努力重要。

（二）主动权

1. 找工作是彼此选择的过程

从找工作的角度来说，我们应该对自己的能力做综合评估。如果你对自己的实力非常有信心，那么要相信自己。企业如果选择你，对于企业来说是有益的，你会助推企业的发展，对个人来说，你找到了自己喜欢的企业——一个能发挥自己优势的平台。在面试过程中，你要本着彼此选择的心态，自信、大胆地展示自我。

2. 创造机会跟面试官互动

在调整好心态的前提下，我们的行动也要充满主动性，尤其是在应聘营销方面的工作时。我们在面试过程中，不要只是被动答题，而要创造机会跟面试官互动，主动问面试官一些问题。以我为例，我当年在面试的时候，问了面试官一些关于公司的问题，了解了企业的发展、实力、规划，比如企业是不是有当行业龙头的气魄等。我们要追随有追求的企业，能够不断提升自己的企业，尤其是企业文化特别不错的企业。除了问薪酬外，我觉得大家问一下企业的发展、规划，对自己的未来非常重要。这样可以体现你的与众不同。一个关注企业未来发展的新人绝对有当将军的理想，这样的人才是很多企业渴望拥有的。

第三节｜试用期，你都需要做什么

当你成功通过了面试，要做的事情就是如何在企业长久地待下去。

一、学习行业知识

无论是空降的资深职业经理人，还是刚毕业的大学生，在初入一个企业时，都不可能马上进入工作状态，而是要有一个学习期。企业从员工在学习期的表现能判断其未来的发展以及能在这个企业待多久。

（一）“知己”

1. 企业规章、文化、岗位“潜规则”

俗话说“没有规矩，不成方圆”。每个企业都有其企业文化和规章制度。说得通俗些，规章制度就是告诉员工什么必须干、什么不能干的文件。作为新人，一定要仔细阅读企业的规章，确定自己的岗位职责，聚焦自己要干的，企业规定不能干的一定不要干。

另外，一定要仔细了解你所处部门约定俗成的“潜规则”，比如企业内部没有要求加班，甚至明文反对加班，但是你所属部门的同事都非常疯狂地加班。在做加不加班的决定之前，你要考虑一下这个情况背后的逻辑，然后决定是做个合群的忧郁者，还是做个孤独的快乐者。

2. 企业组织结构

良好的组织结构能够使企业分工明确，非常有效率。你要观察一下企业的组织结构是“丞相负责制”，即由总经理负责具体事务，董事长偶尔开开“朝会”——董事会；“大将军负责制”，即主管营销的总经理负责制；“皇帝加六部制”，即老板就是总经理，直接负责生产部、销售部、财务部、研发技术及质检部、人事部、采购部；还是“总统负责制”，即董事长相当于“总统”，受参众两院——董事会、监事会监督。

你要知道你所应聘的岗位属于哪个部门的什么环节、上下游环节的岗位是什么、需要跟谁打交道。例如，你是跟单员，当你的上游业务员下了生产单——一般是五联单，你要将其分别下给技术部，确定产品参数和功效；采购部，采买原材料；生产部，准备人员和调试设备；财务部，确定订金何时到位、全款何时到位。自己要留一份，供客户管理和绩效考核。那么，你至少得先认识每个部门与你对接的同事，了解有哪些工作程序，由谁来签字确认，如何进入下一个环节等。这些工作很考验你的情商。你需要在多长的时间内认识这些人并且跟他们搞好关系，让你的工作衔接得非常好？他们为什么配合你？这些问题都需要你深入思考。

3. 产品

学习产品大概要经历三个阶段。

第一个阶段：你要成为“移动硬盘”。无论是否理解，你要先把产品的原料、工艺、功效装进自己的脑袋，并且随时能调出这些数据。这很考验你的记忆力。

第二个阶段：你需要成为“微处理器”。你要能够把数据有机结合起来，形成销售思路和卖点分析。卖点分析大致有几个要点，包括产品的使用价值是什么，解决了用户的什么问题；产品的附加价值是什么，有哪些独到工艺、产品给用户带来的心理效用是什么、哪个点可以打动人心。

第三个阶段：你需要成为“工作站”。你要将这些数据传输到全球，让你的客户知道你在哪里，为他们准备了哪些极富盈利性的产品和服务。

（二）“知彼”

既然你选择了这个行业，你想有所成就，就必须了解这个行业。

1. 潜在客户分析

（1）询盘

要了解潜在客户，最重要的途径就是潜在客户询盘。作为新人，你如果能说服上司给你一些潜在客户的询盘，比如那些没有成交的询盘（一般来说没有问题），则会收获很大。通过这些询盘，你可以先分析一下：什么类型的客户爱发询盘？哪些国家的客户比较多？是批发商、零售商，还是工厂客户多？为什么？

（2）已经成交的合同

如果你的上司愿意给你已经成交的合同看，你就比较容易精准确定客户群。一般来说，级别比较高的，或者情商高得让上司无法拒绝的人才能获得这些信息。一般员工研究已经成交的客户，罗列内在的逻辑要点，“依葫芦画瓢”地找类似的潜在客户；聪明的员工研究哪些是核心客户，哪些客户是公司的空白类型、是公司新的利润增长点等。

2. 同行分析

（1）龙头企业是谁

想要成为王者，要先知道现在的王者是谁。在这个行业，产业链中占龙头位置的企业是哪一家？本企业与龙头企业的差距有多大？尤其是本企业老板是否有冲击龙头位置的雄心？这些问题，你在企业待3个月左右，看看大家的工作情绪即知。

（2）本企业产品或者服务与哪个企业的最接近

最了解你的人不是你的爱人就是你的敌人。与本企业产品和服务最接近的同行是谁？或者说跟本企业直接竞争的企业是谁、是什么类型的？本企业的比较优势是什么？对手的优势是什么？

二、接手岗位工作

（一）本职工作

1. 你是否顺利完成了领导交代的工作

试用期结束，你就要正式开始工作了。你最重要的工作是服务你的首要客户——你的上司，在你翅膀还没硬，能够代表部门或者公司独立开展工作前，请好好听上司的安排，把他布置的工作按时、保质完成。在这个阶段，你最好少说多做、多观察、多总结。干完工作你深思一下，上司为什么让你做这些？如果处于上司的位置，你会怎么给自己安排工作？这些工作干完后，你怎么思考都行，但是一定要按时、保质完成任务，让你的上司满意。千万别想不通就不做，非得问你的上司为什么要这么做。上司让你进他的部门是让你为他解决问题的，不是制造问题的，如果他指挥不动你，则要么是你错了，要么是他错了，但是他可以改正错误——换人。你可能听过一句话，军人以服从命令为天职。其实企业跟军队的情况差不多，你要先学会服从，再去思考服从背后的意义。

2. 你是主动作为还是被动应付

如果你个人能力非常突出，那么完成上司安排的任务之后，还有富余时间，你准备干什么？是打游戏、泡一杯香茗、看言情小说，遥看同事忙碌，直到上司发现你的悠闲，代表组织给你的肩膀加点担子，还是自己主动向上司询问，有什么可以帮他的呢？选择做一个傻瓜还是聪明人，你最终的发展路径可能完全不同。

（二）创新

1. 提出合理的建议

工作一段时间后，针对自己工作的岗位，我们发现一些改进方案，是否可以在工作报告中体现呢？答案是肯定的。方案是否更合理不重要，重要的是你开始用心思考。我建议你不要写公司 5 年发展纲要这种宏大的建议或者规划书。不在其位不谋其政，在没有了解公司全貌之前，未对公司的运营和财务结构有充分的认知，尤其是你没有身居高位，不了解公司核心信息，建议你不要提公司战略性规划，那暂时不是你能参与的，请先把本职工作钻研透。

2. 发现并测试可改进事项

如果上司对你的改进方案给予肯定回应，或者没有回应（至少不是批评或者驳斥），那么你可以在自己的工作中，在不影响工作效果和工作纪律的前提下，测试一下自己的方案。若证明该方案确实能够提升工作效率，那么，不要犹豫，先把自己的方案落地，拿出工作成果，然后在工作报告中把改进后提升的数据列明，只要上司心理正常，一般会奖励你；若测试结果不理想，则需要你重新思考。

第二章

定位外贸职业角色

万事万物都是有组织结构的，就连单一元素物质也不例外。不同的组织结构会决定物质的地位。以单一元素物质碳为例，石墨和钻石都是碳元素组成的单一元素物质，但是价值差距极大。为什么都是碳元素，却有如此大的差距？因为组织结构不同。人类社会也是如此，同样的人用不同的组织结构来管理，所创造的社会价值完全不同。商场如战场，只有拥有合理的组织结构，才能令所有人员在硝烟弥漫的“战场”上做到万众一心。

第一节 外贸企业组织结构

外贸团队作为一个专业的营销组织，在某些方面跟军队一样，也有其特有的组织结构。大多数业绩可观的外贸企业，其组织结构都大同小异，大致如表 2-1 所示。

表 2-1 外贸企业组织结构

职位	职位	职位	对应角色	工作职能
经理	推广板块主管	信息收集员	侦察兵	获得客户信息
		美工	电报员	
		运营人员	参谋	
	销售板块主管	业务员	野战军	引入现金流
		跟单人员	后勤人员	

我们可以看到，专业的外贸团队（部门）一般会有两大板块：营（推广）与销（销售）。要从事外贸工作并且想获得进阶，你就必须确定你要选择什么岗位，或者确定哪个岗位比较适合你。下面请睁大你的眼睛，开始选择属于你的职业角色吧！

第二节　外贸岗位解析

一、外贸推广板块

外贸推广板块的主要任务是信息收集和分析。其相关岗位包含信息收集员（侦察兵）、美工（电报员）、运营人员（参谋）、主管（指挥官），解决知己、知彼和庙算（战役之前的战略筹划）的问题。

（一）信息收集员

假如你是一名资深侦察兵，你的工作内容是什么？是不是收集敌军的情报？那么，敌军的情报那么多，收集什么情报对我军是最有利的？首先是敌军的作战计划（企业规划），这是战略级别的情报；其次是敌军的兵力部署、火力配备、粮草和弹药储备、行军路线等，这些是战术级别的情报；最后，要验证情报真伪，以免被敌军用反间计，即特意把假情报给你，让你送回我军指挥部，使我军吃大亏。

《孙子·谋攻》云："知彼知己，百战不殆。"信息收集员类似军队中的特工或侦察兵，负责解决"知彼"的问题。信息收集员工作的核心就两个字：人、物。"人"主要指潜在客户和竞争对手，"物"是产品。

1. “人”

我们想通过做外贸挣钱，首先要知道客户在哪里。信息收集员的工作是通过各种渠道和方法收集潜在客户的信息，为外贸业务员提供精确的服务目标。更专业的信息收集员会收集企业的同行、直接竞争对手以及重要部件供应商的信息。

如今，已经进入产业链竞争时代，比拼产品质量意味着比拼产业链整体实力。外贸公司之间的竞争，就是比拼其供应商的品质，比拼从产品研发、生产包装到物流运输等整个产业链的品控和服务。所以，如今的信息收集员不是收集几个客户、几类产品的信息就可以，而是必须对企业所在行业甚至相关行业进行全方位的“侦察”。很多企业不是被同行干掉的，而是被其他行业跨界的企业挤垮的。信息收集员必须站在实际用户的角度，思考谁需要该产品或者该服务，以此来倒推自己的目标客户是谁、在哪里、怎么找到他。如果目标客户要找企业，可能通过什么途径，我们怎么给对方提供便利，让其更方便地找到自己。

这个工作看起来非常简单，甚至简单到枯燥，但问题是它真的没难度吗？从数以万计，乃至数以百万计的信息中筛选出有用的信息，进行整理归纳，根据自己企业的需求找最适合的潜在客户容易吗？没有严密的逻辑思维，对产品、对企业的充分理解和超乎常人的耐心，无法完成这项工作。

2. “物”

消费者的消费理念已经与以前完全不同了。如今的产品要吸引消费者，尤其是“90后”，必须满足“三好”标准——好用、好看、好玩。

一般的工厂会在产品功能上大费笔墨，着重突出“好用”，但是很多厂家会忽略产品的“好看”与“好玩”。以化妆品的一款面膜为例，某个韩国品牌的面膜在中国十分畅销，是其功能突出吗？不是，是包装看起来特别好看，当然也很好玩。它的卖点是什么？就是包装盒的形状是各种动物的头像。同样的面膜，一款用呆板的四方纸盒包裹，而另一款的外观是各种动物，作为年轻人，你会选择哪一款？这个年代，颜值非常重要，不仅是人的颜值，物的颜值也很重要。所以，信息收集员必须从各个渠道收集各种满足“三好”条件的产品，不断归纳总结，看各大零售网站上卖得最好的产品是什么、是怎么符合“三好”标准的。

综上所述，要成为一名合格的信息收集员，首先，在思维层面，你要通过分析自己企业的产品、定位、客户类型等，初步判断你需要收集哪些信息来辅助业务员开发客户、开展营销工作。其次，你必须具备强大的搜索能力，熟知网络搜索工具和搜索技巧，了解外贸行业信息发布的主要平台、渠道有哪些，外贸信息发布的形式包括哪几种，如何高效、快捷地获取你需要的信息。最后，你要具备良好的归纳概括能力。当你搜集到大量的客户、竞争对手或主要供应商的信息之后，必须对信息进行分类、归纳和概括，从庞杂的信息中提取对业务员最有帮助的信息，便于业务员在最短的时间内根据你的信息开展下一步的工作。

除了专业能力之外，信息收集员必须有耐心，能够静下心来从海量的信息中筛选需要的信息。另外，信息收集员还要足够细心，有职业敏感度，在重要的信息出现的时候，能够第一时间捕捉到。最后，理性也是信息收集员必须具备的素养，其要能够冷静、客观地处理手头的信息，做到公正翔实。

（二）美工

如果你经常看谍战片，那么是否记得这样的情节：情报人员拼死获得情报，将其递交给一个神秘的人——电报员，电报员借助电报加密手段，将信息传递出去。所以，电报员的工作就是将情报发出去，且保证己方能看懂，敌方不能轻易看懂。

美工的工作就相当于电报员。美工将企业的产品信息以多媒体的形式展示给客户。当然，这些信息竞争对手也能看到。所以，如何让客户看到，在大脑中“转码”，形成对产品或者服务的直观印象，而让竞争对手不那么容易理解，就需要美工有相当高的专业素养，即行业专业知识和美学素养。

美工的工作包括以下两类：

（1）把产品信息发布出去。美工要干的活一般是通过图片（视频）来向客户展示产品或者服务。这样有可能被竞争对手获得相关信息并进行模仿。

（2）对产品信息加密，让竞争对手无法轻易盗取。如果产品本身有商标，有外观专利、发明专利，可以大方展示，除非竞争对手想打官司或者想替我们做广告，否则一般不会盗图（盗用视频的难度更大）。

当然，也有很多懒得令人发指的同行铤而走险，盗用我们的图片。此时，除了通过法律手段保护我们的权利，有一个比较高端的防护手段，即让美工在作图的时候融入自己的理解，比如，同样是卖酒，江小白卖的不是口感，而是心理诉求，别的酒厂抄袭的话就要连产品定位一起抄袭，否则就不伦不类了。比较低端的手段是给图片加水印。我不喜欢这种方式，水印会影响图片的美感，除非美工水平高，能把水印做得像产品的一部分一样，比如某些刀具上的磨纹。这是防君子不妨小人的手段，现在有太多消除水印的方法。其实，最好的办法就是特定的产品用特定的图，使其具有唯一性，让人盗无可盗，但这对美工的要求太高。如今，视频已经成为产品的主要宣传方式。建议将产品宣传视频的背景设置为公司大楼或者产品代言人（推荐让企业老板或者老板娘录制视频）。这样，盗视频、消除人物和背景的剪辑工作将很有挑战性。如果哪个公司宁愿去盗视频也不愿意自己拍，那我们在为该企业老板“点赞”的同时，一定要想办法把他的美工挖过来。

所以，美工要确定自己的作图能力。会用几种作图软件？只会 Photoshop 是不够的，但是如果连这个都不精通，那就不能胜任美工的工作了。对产品有什么感悟？这种产品你喜欢吗？它的哪一个功能打动了你？产品好用的话，用什么方式让产品好看？如何让产品看上去既好看又好玩？这些都是美工需要思考的。对生活没什么感悟的话，做不出有灵性的图片。

美工的工作不只是作图，美工是企业内部的“艺术家”，产品的好看、好玩基本都靠美工来展现。说美工是作图的，就跟说米开朗琪罗仅仅是玩泥巴的一样让人愤怒。一个优秀的美工，需要具备一定的美学素养，对生活有一定感悟，了解产品主要消费人群的消费偏好，当然还得会各种作图工具。看着美工同事花费几个小时作图，我站在外行的角度觉得他们像画家在作画，只不过画家用的是笔、墨、纸、砚，而美工用的是电脑，他们都需要创造力，都需要激情和耐心。

（三）运营人员

很多战争片中，都有这样一个场景：在激烈战斗的间隙，画面切换到指挥部，指挥部中有一群人在来回穿梭，忙碌不停。有人拿着圆规和直尺，用铅笔在地图上写写画画；有人在沙盘上不停地拔与插代表敌我双方不同颜色的小旗子；有人拿着文件让指挥官签字。这群人就是俗称的参谋。他们为长官整理各种信息，形成非常清晰的数据分析，将敌我双方的兵力部署、火力粮草等数据展现在长官面前，并且为长官提供战术意见和建议，随时将长官的军事意图传达给各级一线指战员。

外贸团队的运营人员就是参谋的角色。企业确定主要客户群或者客户所在区域后，应该用什么平台或者渠道做推广？应该制定多少预算？预算确定，平台联系好，应该如何布局？官网用什么主色调、主推什么产品（爆款）？官网分为多少板块？具体到某个产品，应该用什么关键词、标题、图片、详情描述、视频等？如何组合搭配？简言之，如何让客户看了就喜欢，而同行看了只能叹为观止，很难“借鉴”，就是运营人员应该做的事。

老实说，运营的工作就是权衡，权衡收益和成本。收益就是企业想达到的推广效果，成本就是达到这种效果大致要花多少钱。运营人员要在有限的预算中挖掘无限的创意。

运营人员就像营销团队的大管家，俗话说开门七件事：柴米油盐酱醋茶。如何用最少的预算实现最具性价比的效果就是运营人员的工作。要让事情完美，还得花钱少，这听起来就像悖论，但是大部分企业老板坚信这不是悖论，而是真理，运营人员也对此深信不疑。相信真理还不够，运营人员得有真功夫才行。

运营人员首先必须具备较强的逻辑思维能力。他们能够让客户买单、认同一定是有原因的。运营就是以合理的方式去表现“原因”，让客户认为买这个产品是明智的选择，是自己经过深思熟虑才做的消费决定，是可以发到朋友圈炫耀的。当然，让客户买单的前提是让老板确定预算，说服老板拿出足够多的预算是运营人员的最大难题，或者说是运营人员要面对的最大挑战。没有一定的市场营销能力、财务知识和沟通能力的人是很难做到的。从理论上来说，从事运营工作的人也可以做销售工作，他们之所以不干，是因为喜欢当幕后英雄。运营人员的眼神都是忧郁的，不知道是在深度思考还是被老板给出的预算愁的，理性和冷静是他们的代名词。

（四）推广主管

外贸推广主管是集军队里情报部门的主管和作战参谋长的职能于一体的指挥官。其工作内容非常简单，即保证企业有潜在客户，并且尽力避免客户被其他竞争对手抢走。

主管的工作包括以下几项：

（1）选拔各级员工，并在选拔之后，按照工作需要对员工进行系统培训。培养收集情报的信息收集员；培养制作多媒体广告或者海报的美工；培养能够用最优预算获得最佳效果的运营人员。主管必须会“识人”，然后把这些人才培养成能给企业带来效益的“人物”。

（2）进行日常管理，让身怀绝艺的“精英”按照企业战略要求进行日常工作，按时、保质、保量甚至超额完成任务。相比业务板块的“金戈铁马”，推广板块更推崇“运筹帷幄”，管理这么一群“聪明人”，不是轻松的事。

（3）将收集的海量信息汇总，去伪存真，形成分析报告，上报高层或者为销售部门提供建议。例如，谁是我们的客户？谁是我们的竞争对手？竞争对手目前正在用什么形式跟我们竞争？我们要采用什么方式跟竞争对手争夺客户？

（4）进行企业市场战略规划。这项工作包括制作各种产品（服务）的市场营销策划书并监督执行。最重要的是严格控制预算，用有限的资金创造最大的效益。主管的工作集感性（创造力）与理性（成本控制、结果导向）于一体。

如何让艺术家（美工）和实干家（信息收集员）、思想家（运营人员）等拥有不同思维模式和工作模式的人协同作战，需要主管有非常好的沟通能力和亲和力。作为领导，在员工遇到具体难题的时候，要给予战术指导。所以，主管的基本功要扎实，要会培训或者人脉广（可以找高人代为培训），能够整合资源，将公司有限的预算与员工无限的创造力融合以达到最终目的。

“聪明秀出，谓之英；胆力过人，谓之雄”。推广板块主管是幕后英雄——一个脸皮很厚、能抗压、很聪明的人。带领一群“特工”在情报战线获得成果，这种工作其实很过瘾，不是吗？

二、外贸销售板块

外贸销售部门属于野战部队，解决“开疆拓土”的问题。对于该部门的工作，最接地气的解释是：把产品（服务）卖出去，把钱收回来。

（一）业务员

外贸业务员相当于野战军，干的是为企业“攻城拔寨”的事情。有50%的可能成为炮灰，倒在冲锋的路上，比如在考核中被淘汰，或者自己受不了辞职；也有50%的可能成为“英雄”，比如成为企业乃至行业的王牌销售员。当企业的目标客户群确定了，你是否具备分析客户背景的能力？能否通过分析客户的营利模式，知道客户的市场需求？

如何将你的产品（服务）嫁接到客户的营利体系中？

业务员干的就是“把产品（服务）卖出去”和“把钱收回来”这两件最难的事，而外贸业务员工作的难度系数在这个基础上还要加倍。相比于内贸业务员，外贸业务员得面对不同国家、不同商业习惯、不同风俗的企业和个人，而且还得用至少一门外语去进行交流。特别是有些国家没有免费无线网（WiFi），不能使用微信和支付宝支付，没有即时支付体系，外汇受到管制，汇款必须以月为单位进行。在这些情况下，你是否熬得住寂寞，承受得了压力和质疑？是否具备随时面对并冷静处理不可预料的突发事件的能力？关键是，你在面对这些“惊喜”的同时是否能把产品（服务）卖出去，把钱收回来？

一旦你选择外贸业务员这个职业，你的结局只有两个——成为“炮灰”或成为“英雄”。你做好心理准备了吗？外贸基础技能，比如一门外语、商务信函写作、口语交流不行；产品、行业、营销、各国风土人情、经济学、财务等知识储备不足；抗压能力、耐心、拼搏精神、细心、胆大等能力或品质不具备，是做不成这项工作的。

怎么形容外贸业务员的素养呢？如果你看过《101次求婚》这部影片，就比较好理解了。其实让客户买单在某种形式上跟追求自己的女神（男神）是一样的。决心要够坚定；脸皮要够厚，要经得起拒绝，能抗压，被拒绝100次，还有第101次表白的勇气；心够细，不然怎么投客户所好，抓住卖点；有耐心，没失败的经历怎么反思、怎么找到核心卖点和打动客户的关键点？这些需要时间去摸索。做外贸至少得会一门外语，能够跟客户沟通，了解外贸专业知识和术语，具备一定的财务知识，能保证公司盈利。你如果头脑灵活，思维敏捷，沟通技巧娴熟，可能很快就能打动客户，这样的天才是有的，但是大部分人还是得积累经验。

（二）跟单员

有一部非常火爆的美国电影叫作《血战钢锯岭》。电影中的军医戴斯蒙德·道斯在冲绳战役中冒着枪林弹雨，赤手空拳救下 75 位战友。你觉得他是英雄吗？

跟单员在整个外贸流程中是为业务员提供基础服务，以提升业务员战斗力的辅助兵种，相当于军队的医疗和后勤保障人员。他们虽然没有冲在业务一线，没有直接面对客户，但是他们的存在对企业、对业务员来说都是必不可少的。

跟单员对内需要协调业务部门和企业其他部门的同事，比如确定财务部是否收到订金或者货款，下生产单给生产部，提醒采购部采购原料等；对外需要沟通外汇管理单位，比如外汇局和外币银行，沟通船务部门和物流部门、海关等。

跟单员的工作核心是保障业务流通，让业务员聚焦客户，无须分心于具体繁杂的物流系统，把货顺利发到客户手中，完成收款。

跟单员不会成为“炮灰”，也不会成为“英雄”，只能默默无闻地为他人提供服务。

外贸跟单员的工作内容决定了他（她）们必须是一群非常有爱心、非常细心的人。没有爱心可能很难甘当幕后英雄，跟单员干的是“杂活”，是非常细致的工作，需要连接所有内部部门，光一个五联单（或六联单）就要下给采购部、技术部、生产部、货运部、财务部等，没有一定的沟通能力和耐心是很难完成的。特别是，跟单员不能出错，否则就会带来大麻烦。单据上错了一个数据，就可能影响结果，比如唛头错了，虽然不是大问题，但是可能会影响客户提货。跟单员还得有扎实的基本功，会制作图表和单据。别小看这个技能，我就曾被 Excel（微软 Office 办公软件中的图表制作软件）的一个数据汇总功能弄得心烦意乱，结果一位跟单员简单输入了几个加权函数就搞定了。现在一切都讲究效率，作图、做表格比别人快也是优势。

（三）业务主管

你如果看过电视剧《亮剑》，就一定记得一个场景：一个部队攻击日军占据的山头，久攻不下，后来李云龙的部队被调去支援。李云龙用坑道作业的方法推动队伍前进，然后组织手榴弹饱和攻击，迅速拿下山头。一个优秀的指挥员可以带领队伍取得一个又一个胜利，无论敌人是多么厉害。

外贸业务主管的主要工作是带领业务团队，不断完成甚至超额完成企业销售任务。相对于推广板块主管的“羽扇纶巾”，外贸业务主管就得“斩将夺旗”。更重要的是，相比于推广板块主管的“动脑”，外贸业务主管快速动脑后，还得立即“动手”。作为野战军主将，企业内的销售业绩基本都压在外贸业务主管身上，而面对“战斗任务”是兴奋还是害怕，是外贸业务主管素质的体现。外贸业务主管的工作内容主要有以下几项：

（1）选择精兵强将，对其进行培训，让他们拥有必要的岗位技能。让适合的人干适合的事，将他们调到合适的岗位，发挥各自的优势。

（2）日常管理。指导各个部门精确地按照企业的战略规划开展工作。外贸业务部门是负责落地的部门，是企业获得现金流的主要执行部门。

（3）偶尔亲自出马，搞定重要项目、重要客户。

（4）不定期为团队成员提供心理辅导，让团队保持持久的战斗力。

《孙子·始计》中提道：“将者，智信仁勇严也。”你的智慧足以引领团队实现目标；你对客户、对下属、对供应商都要讲信用，你向员工承诺的奖励要能兑现；对于业绩暂时不理想的同事，你能够提供鼓励、引导；面对重要客户或者业务中的疑难杂症，你敢于挺身而出；遇到违反团队纪律或者影响团队利益的人，你敢于坚持原则；对于团队成员的成长，你能够高标准、严要求。

相比于推广主管的工作，业务主管的工作场面比较劲爆，要带领团队完成销售任务。推广团队是从思想上说服客户，而销售团队是从行动上说服客户。分析客户的消费偏好，需要极强的逻辑推理能力和高超的沟通能力；遇到业务员搞不定的客户，业务主管要能够帮助业务员进行分析，从客户的询盘中搜寻蛛丝马迹，能够不着痕迹地让客户告诉你企业背景和具体需求。

外贸业务主管的外语也许不是最好的，大脑也不一定是运转最快的，但是心脏必须是最强大的。很多企业的 KPI（关键绩效指标）考核精确到每周，甚至每天，完成业绩是动力还是压力，很大程度上要看业务主管的激励手段（管理水平）。能够挺身而出并且经常组织经验交流会，给员工传授技巧和理念的业务主管绝对是可遇而不可求的。

第三节　为什么要有清晰的组织结构

我做外贸培训和咨询多年，发现很多外贸企业都是依靠“英雄式”的业务员完成外贸业务工作的，基本是由一个人搞定找客户、谈客户、安排发货、清关收汇等十几个流程上的工作，完全不存在分工和组织结构。也许你会问，既然那些企业依靠一个业务员也可以顺利完成订单、获得利润，那么企业还有制定清晰的组织结构的必要吗？这个问题该怎么回答呢？假设有一个新客户看了你们公司和你们竞争对手公司的网站，发现你们公司只有一个王牌业务员，而竞争对手公司有完整的组织结构，从收集客户信息、核算报价、核算运费到还盘都有相应的人员负责，你觉得他会选谁？在企业中，是“单打独斗”的效率高还是团队协作的效率高？更何况，万一王牌业务员离职了，你的企业该何去何从？下面我从三个方面来讲述外贸团队建立清晰组织结构的必要性。

一、效率

目前，我们处于快节奏的数据时代，效率是压倒一切的竞争法宝，时间就是金钱。我在这里问各位企业老板几个问题：如果你开的是工厂，那么你的工厂有流水线吗？有工序吗？您会雇用一个八级钳工（超级特种兵），让他搞定所有工序，还是雇用无数个八级钳工让他们从第一个工序干到最后一个工序？或者安排不同的人负责不同工序，每个人只负责一个或几个工序，进行流水线作业？

试想一下，如果外贸流程全部由一个人搞定，那么，你的超级业务员每日要花多少时间去找客户？找到客户后花多少时间去谈业务？如果发货、装货柜都必须他本人到现场去安排，然后由他联系物流公司、去海关办理报关手续、去银行办理结汇……那画面我都不敢想象。创造现金流的最直接工作是让客户下单、签订合同、收钱，这么多事情都由一个人干，那么他谈业务的时间还有多少？好钢要用在刀刃上，特种兵应该用在战略任务上还是日常事务上，你有答案了吗？

外贸的很多工作是异常枯燥的。王牌业务员应以做业务为主，你让他去做发货、装箱、清关等琐事，他会觉得大材小用。如果你让跟单员做业务工作，那么他会感到工作压力太大；如果你让运营人员天天把时间消耗在“各种俗事”上，会影响他的创造力与艺术价值。那么，什么是他(她)喜欢的岗位？当一个人每天要做四到五种不同的工作时，他（她）的内心会没有波动吗？

二、稳定性

俗话说，铁打的营盘流水的兵。任何老板都无法让自己的员工一辈子待在一个公司。

充满智慧的各位老板，请闭上双眼畅想一下：如果你的员工能够独立找到客户，并且能够把客户搞定，签订合同，收到订金，把生产五联单下给各个相关部门，监督生产，并且联系船务公司或者报关行，收全款，发货、报关、清关、跟踪货物、寄送提单等物权凭证，然后到外汇局、银行办理结汇。你能想象未来会发生什么吗？

这么全能的人为什么要为你打工？你的个人魅力有那么大？能够镇住所有高手的只有武林盟主，当各位老板能够通过个人魅力镇住所有高手的时候，您已经是盟主级别了。即使你的个人魅力真有那么大，你能想象具有优秀销售能力的高手在装货柜、进行日常工作时内心的苦闷吗？这种苦闷能让他持久地为你效力吗？

站在外贸从业人员的角度来说，除非想当老板，否则外贸整个流程做下来，确实是非常耗时、耗力的。最重要的是时间根本不够用，但是如果想当老板的话，则一定要学会各个环节的业务。如果有老板愿意把全部流程都教给你，而你又有一颗上进的心，那么请坚持两年以上。特别是当老板愿意把采购工作交给你时，你一定要感谢你的老板，他是手把手把你推上神坛的贵人。

三、成本

我们假定各位老板真的能让那些所有外贸工作都能干的高手永久为其效力，那么，聘请这些高手需要付出多少成本？我们先不讨论让这样的高手做“一条龙”工作是不是大材小用，对比一下收益和成本，你满意吗？即使你不培养，只从同行那里挖人，就不需要成本吗？你能从别的公司把人挖过来，别人也能从你的公司把人挖走。要保证人才不被挖走，你的管理和维护成本有多高？

这些高手自己也会进行成本和收益核算。其会在单位时间一定的情况下，根据自己的特长和喜好，对自己的时间进行重新安排，比如是在找客户上多花时间，还是在谈客户上多花时间，无论如何抉择，一段时间后他都会觉得收益不足。销售板块的员工会发现大量的时间被花在找客户上了（关键是找客户的水平一般），推广板块的员工会发现成单率太低。最终的结果是大家都觉得挣得太少了。在经济学理论中，这叫作要素禀赋论，用比较成本论也可以说通。那么，既然这个公司没有发挥出自己最佳水平，那就换个公司。

无论你目前是老板，还是员工，都必须面对现实——这是一个快节奏工作和生活的时代，没有人能一个人“打通关”。即使是某个岗位，想做精深也得花大量的时间，更何况一个人做好所有工作。如果一个人能做好所有工作，企业就没有必要存在了。

通过这三个方面的分析，对于要不要建立比较完备的外贸组织结构，各位老板心里想必已经有自己的答案了。为什么我说的是老板？因为没有完备组织结构的企业会培养很多老板，现在在跟进全套流程的员工未来绝大多数会成为老板。剩下的少部分人呢？会成为超级老板，成为企业家。

第四节　外贸流程有哪些

我们来看看外贸到底有多少流程，然后大家就会明白外贸的工作量有多大了。一个正常的外贸流程大体如下所述。

一、找到客户

如今找到客户的精准联系方式难不难？每天什么都不干，就找国外客户的联系方式，你能找几个？如果你选择被客户找到，那么运营官网或者 B2B（企业对企业）网站，需要时间吗？在客户找到你之前，是不是要上传产品、找关键词、制作标题、制作图片、写产品描述？这些需要时间吗？尤其是，网页页面还是英文的。

二、联系客户

联系客户基本有两种方法，一种是写开发信，即通过邮件、即时聊天工具以文字或者语音的形式联系客户，我们称之为不花钱的方式；另一种是直接打电话给客户。联系客户之前需要构思跟客户聊什么、怎么吸引客户。如果每天别的事情不做，仅联系客户，你能联系多少个？

三、确定项目或者产品

除非你们公司只有一款产品，否则你需要跟客户就某一个项目和某一款产品达成某种共识。这需要你的产品知识和行业知识达到一定储备量，或者你的沟通能力非常强、运气很好（我们始终认为这才是最厉害、无法超越的实力），否则很难做到。实际上，外贸行业会经常发生老业务员搞不定，但是业务新手能搞定客户的情况。

四、建立客户档案

当你跟客户就某款产品或者某个项目达成意向的时候，就要开始建立客户档案了。内容包括客户背景、公司、职位、权限、项目、产品……

五、建立业务计划书

确定具体产品之后，要确定与客户的合作模式，比如是 OEM、品牌经销，还是战略合作。思考自己预计怎么谈、要做哪些准备、要公司提供什么资源。

六、报价

确定合作模式、报价（个别政策需要找领导申请）。

七、制作样品单

按照客户要求打样。

八、制作样品信息反馈表

客户反馈如何？满意与否？为什么？

九、确定订单

正式确定合作模式和订单，包括数量、交货期等。

十、制作单据

要制作的单据包括形式发票、商务合同、装箱单等一系列出口单据。

十一、确定订金或者货款到账情况

商务发票发给客户后，确定订金是否到位。

十二、制作并下内部生产单

确定订金后，下生产五联单或六联单。

十三、制作订单跟踪表

跟进订单生产、物流进度。

十四、向客户通报生产进度

确认能否按时交货，思考不能的话怎么跟客户商量。

十五、制作出货通知书

告知客户可以出货（潜台词是收余款）。

十六、联系货代

一般在货物生产完成前两周确定船期并联系贷代。

十七、确定余款到账日期

告诉客户船期时，基本就要确定余款到账日期了。

十八、下订舱单

余款到账后，马上下订舱单、再次确定船期（用信用证收款的流程可以简化）。

十九、准备报关资料

准备好出口单据等报关所需的文件。

二十、发货、装箱、报关

办理装箱、发货、报关等一系列出口手续。

二十一、结汇、核销单据

到外汇局、银行办理结汇及核销事宜。

二十二、制作客户反馈表

货到客户手上是否一切正常（有无破损）？质量如何？客户满意度如何？自身业务有无提升空间？如何跟上级汇报？对公司有哪些建议？

想当“超级老板”——一人制公司的老板，以及所有流程一人搞定的“超级员工”的外贸同仁，你们是否有那样的能力？就算有那样的能力，你有那样的精力吗？就算有那样的精力，你有那样的毅力吗？就算有那样的毅力，你还得有一颗强大的心。既做推广工作又做业务工作，在没客户下订单的时候，你面临业绩压力被上司骂得恨不得穿越去找雨果讨论什么叫作“悲惨世界”；在有客户下订单的时候，如果工厂不给力，不能保质、保量、按时出货，你就会觉得分身乏术。

第三章

外贸推广岗位的职业规划

外贸推广板块的主要任务就是找到客户或者被客户找到。其相关岗位包括信息收集员、美工、运营人员、推广主管。每个岗位都有相应的职责，相关人员需要具备必要的能力，并能够迎接工作中可能遇到的各种挑战。在这一章，我将对外贸推广板块的各个岗位的职业要求进行详细讲解。

第一节 | 信息收集员

一、产品信息收集

（一）关键词

前面的章节我们已经讨论过，信息收集员需要细致地进行市场调查和收集大量的信息。就像古代的斥候（侦察兵）一样，要完成任务，必须战胜很多对手，而信息收集员面对的第一个对手是“孔乙己”。

1. 收集主关键词

孔乙己这个人物，读过鲁迅先生作品的人都不会陌生。我在对信息收集员的培训中常提起孔乙己。为什么要提孔乙己呢？因为孔乙己知道“回”字有 4 种写法。当我问那些看不起孔乙己的信息收集员们能写出自己产品的几种英文写法时，很多人的笑容顿时凝固。你能写出 4 种吗？如果不能，则说明你目前距离孔乙己还有一定的距离。所以，作为信息收集员，第一个工作就是收集产品的主关键词（主词），并形成主词词库。

2. 收集长尾词

当主词词库建立了，就可以开始收集关于主词的长尾词——虽然不是主词，但是配合主词也能带来流量的词。长尾词可以是主词的形容词或者是关于主词的定语，比如主词是女装，那么长尾词有哪些？女性用户关注的词有什么？有“新款”“某某明星同款”及形容衣服时尚的词，描述衣服材质、工艺、装饰等突出产品卖点的词等。长尾词可以是一个词，也可以是几个词的组合，收集它的目的只有一个——带来流量。

3. 收集同行的关键词

当我们把主词和长尾词尽可能地收集起来以后，我们就要开始在自己做推广的网站上去收集同行的关键词了，做到人无我有，人有我优。简单地说就是同行没有的词，我必须有，同行有的词我的必须比同行的好。我这里说的同行不仅包括国内的还包括国外的。

4. 测词

当发现你的关键词无论是数量还是质量都比同行好时，你是否志得意满，有一览众山小的感觉？先别高兴，万里长征才刚踏出了第一步，还有一道重要的工序——测词没有完成。什么叫测词？就是把你收集的所有词语在国外用户经常用的搜索引擎上测试一遍。为什么要测词呢？因为无论是你收集的词，还是国内同行收集的词，我们都称之为中式英文词。很多信息收集员会有这样的疑问：为什么我们辛苦找了关键词，产品却完全没有曝光量？答案就在词上。这些词可能不是外国用户用的词，是中国人“造”出的词。当然，很多中式英文词也被国外权威机构认可，据说美国词典就收集了很多中式英文词，最经典的是“表哥”，即“watch brother”。所以，当你发布“watch brother”的时候，看美国词典的美国人可能明白，不看美国词典的美国人就不一定明白，而英国人肯定不明白。所以，我们收集的词多，并不意味着有优势，还得仔细查验每一个词是否符合外国语法和外国人的使用习惯。

5. 制作词库

最后，将每一个测试完毕的词再次收集，做成词库，收集关键词的工作才算完成。

（二）标题

关键词确定后，下一步就是写标题。产品在各个网站上获得曝光的关键就是主关键词和标题。

我从事外贸培训 12 年，看到很多外贸同行非常用心地收集关键词，并且以写高考作文般虔诚的心写标题，有时候不写到某些商务网站标题栏字节耗尽不停笔。关于标题，有人说越长越好，有人说越短越好。对于我来说，能否达到效果，取决于看标题的人的需求。

客户要买什么产品？什么产品能够满足客户的需求？满足到什么

程度？需要多少钱？站在客户的角度思考，标题应该包含哪些要素，是不是就一目了然了？一般来说标题有两大类。

1. 工厂的产品标题

标题格式：行业 + 功能 + 材质 + 参数 + 工艺 + 主词。

工厂是什么行业的？主要产品（主词）是什么？产品的功能是什么？为了实现这个功能要用什么材料？由此可见，工厂标题能写几千字，工厂唯恐客户不了解其产品的功能和参数。问题是客户了解了产品功能和参数后，就一定会喜欢这款产品吗？

2. 外贸公司的产品标题

标题格式：客户群 + 使用价值 + 价值 + 主词。

不得不说，外贸公司在销售方面更专业。外贸公司首先聚焦客户群，即产品卖给谁；其次站在用户的角度，思考为什么客户需要这类产品（使用价值，即解决客户的什么问题）；最后分析客户为什么从这家公司买（价值）？

在高明的营销过程中，产品只是载体，通过产品这个载体，让客户体会这个公司与众不同的地方才是关键。一般的公司只会聚焦产品，聚焦产品参数。可以想象，客户每天点开各种网站，看到的参数和产品说明非常多，我们难道要比谁的网站上的文字颜色和字体更好看吗？为什么有些不到 5 人的外贸公司的销售额会比千人大厂的还高，我们从标题这个细节就可以看出端倪。我们要了解清楚我们服务谁、服务哪一个点，然后把这个点做到极致。有时候小型外贸公司能够比大型工厂做得还好，原因无他，就是懂得聚焦。

（三）产品卖点

关于产品卖点，我们分别从两个方面和两个层次来说明。首先说产品的两个方面，马克思主义政治经济学提出商品二重性，即使用价值和价值。那么，无论怎么总结产品的卖点，都离不开这两个方面，但是聚焦在哪个方面，能体现卖家的水平和层次。产品卖点聚焦在使用价值还是价值上，销售结果会完全不同。

两个层次指的是卖家的两个层次，我们以汽车行业为例，表 3–1 是典型的两种层次的比拼。

表 3–1　两个层次的卖点比较

层次	卖点	关键词
第一个层次	空间	轴距、车型、尺寸
	油耗	每百公里消耗多少升油
第二个层次	感觉	风一般的感觉
	体验	成功、奢华

有的品牌一辆车的价格能买别的品牌好几十辆车。为什么汽车的价格差异那么大？因为商品价格是商品价值的货币体现，而不是商品使用价值的货币体现。如果你在卖点中不体现商品的价值，那么怎么会有货币体现？

（四）线上、线下的热销产品信息

任何产品都有生命周期。所以，产品价值跟时间密切相关。一般来说，产品的生命周期有 4 个：启蒙期，产品刚上市，消费者不知道这个产品有什么用，产品销量不大，需要大量的广告投入；上升期，消费者逐渐知道产品的特点，成品利润和销量逐步上升，企业市场份额扩大；成熟期，消费者基本知道这个产品及其竞品了，它们各自形成特定的消费群体，市场份额和利润趋于稳定；衰退期，产品功能老化，消费者对新品更感兴趣，产品逐渐被边缘化。

企业一定有处于上升期和成熟期的产品。为什么这个时代突出创新？因为产品的生命周期被大大缩短，市场竞争太激烈了。各个企业都在想尽一切办法开发或者寻找新品。企业的信息收集员必须寻找一切线上、线下产品，根据数据来判断哪些产品处于成熟期，哪些产品处于衰退期，哪些产品是新品，新品的卖点是什么。这些数据要跟企业研发部门共享，便于其研发市场现在或者未来几年需要的产品。

二、同行信息收集

作为"侦察兵"，信息收集员肯定不能自己关起门来绞尽脑汁地想关键词和标题，还得研究一下推广平台上排名靠前的产品信息，包括关键词、标题、图片、详情描述等。除此之外，信息收集员还得收集客户所在国家搜索引擎上排名靠前的产品或者企业的信息。如果你特别懒，那么起码要好好收集一下你所在行业世界 500 强企业的信息，比如，世界排名靠前的企业在卖什么、怎么卖、为什么这么卖。你可以不思考，但是必须收集信息，让营销策划人员或者推广主管去耗费脑细胞。

那么，到哪里收集同行信息？

（一）线上途径：B2B、B2C 等平台

线上途径主要包括各大 B2B、B2C 网站，企业官网，专业论坛，黄页等。这里我主要讲 3 个线上途径。

1. B2B 网站

目前中国数一数二的 B2B 网站当属阿里巴巴和中国制造网。在这两个网站上，我主要收集搜索排名在前三页的同行信息。排名靠前的企业，要么有钱砸流量，要么真的会运营（需要信息收集员重点关注）。

2. B2C 网站

亚马逊、易贝（eBay）、天猫（虽然不是外贸平台，但是有很多内容值得借鉴）是 B2C 网站中有代表性的。在这些网站上排名靠前的企业，主要是运营和服务工作做得好。我只研究首页的企业或品牌。

3. 企业官网

我不得不说，有些同行的官网做得非常好，连我看了都恨不得掏钱消费。很多企业的官网非常简洁，买东西非常方便，而不是像流水账一样地介绍企业、公司领导、公司大事记、产品。其实有时候，多看看同行官网，你就知道哪些同行未来必是劲敌，哪些很难超越了。

（二）线下途径：展会、论坛等

线下途径主要是各类展会，尤其是广交会，即使不参加也应该去体验一下气氛。参加展会，尤其是广交会，要做好以下两项工作：

（1）看看有什么新产品；

（2）看看别人是怎么布展的，学学别人是怎么开展现场展示、招商、成交等一系列服务活动的。

三、潜在客户信息收集

这是最重要的一步，想挣钱，你就要知道客户在哪里。作为“侦察兵”，你必须学会用各种方法找客户。我一直以来最强的竞争力就是从来不缺客户。我总结出了各种不花钱找到客户的方法。

（一）搜索引擎

这是我最爱用的方法，也是我的绝招。我刚工作的时候（2004 年）主要用谷歌（Google），现在主要用必应（Bing）。

1. 产品类关键词

产品类关键词主要通过主词来找。

（1）主词的多种写法。

我刚毕业的时候选择的是汽车保养设备行业。该行业有一个设备叫拆胎机，可以写成“tire changer”或者“tyre changer”，还有一个设备叫四轮定位仪，可以写成“wheel alignment”，也可以写成“wheel aligner”。

（2）给主词加后缀。

例如，进口商（importer）、经销商（distributor、dealer）、批发商（wholesaler、retailer），汽车保养公司可以写成“garage equipment company”或者“auto service company”。我记得有一个词帮我找到了 20 多个客户（全部谈成并交易了），是“garage equipment company list”，其搜索结果页面全是汽车保养设备行业的企业，而且大部分是欧美企业，我给这些企业写开发信，成交了 20 多个客户。

2. 客户商务身份

从客户的营利模式、处于产业链的哪个环节出发来精确找客户。说得直白一些，针对不同客户，你的产品价格可以不同，越接近最终客户，你的价格就可以越高。

从各种专业论坛、网站、企业官网，不断收集潜在客户信息，并结合其他方式找到客户邮箱等。

3. 行业信息

（1）大买家（一般是世界500强企业）信息。我刚工作时，在汽车保养设备行业，我直接找行业巨头实耐宝（Snap-on）谈合作，差一点就成交了。那时我刚入行没经验，没有通过验厂，非常遗憾。

（2）市场研究。我一般用这类信息找最新技术和最新产品。信息收集员要多收集最新科技、前沿信息、未来趋势信息，然后跟企业的研发部门同事多沟通，别让产品没竞争力。

（3）行业类展会信息。以广交会为例，每次参展完，我们会拿到一些买家目录，从中可以找到自己所在行业的买家。很多展会为了吸引人，会把重要参展客户信息写在买家目录上，对于业务员来说，就看你有没有勇气去联系。

（二）B2B网站（免费）

常用的B2B网站如下：

（1）https：//www.ec21.com/（我的第一个客户就是在这个网站找到的）；

（2）https：//www.ecplaza.net/；

（3）https：//www.indiamart.com/；

（4）https：//www.tradeindia.com/。

当然，还有收费的B2B网站，这个我会在后面提到。免费的B2B网站主要有两个用处，一个是碰运气接收客户询盘；另一个是找客户信息，主要是客户公司的名称，然后配合搜索引擎找到客户的官网以及联系方式。

（三）B2C网站

常用的B2C网站主要是亚马逊和eBay。在这些网站上找什么客户呢？大一点的零售商。在B2C网站上输入关键词，如果搜索结果中比较靠前的是公司，那么，你可以配合搜索引擎找到客户联系方式，问问他们要不要换供应商。一般来说，刚开始我们只能被大公司当作“备胎”，但能当“备胎”也算成功一半了。

（四）小语种网站

常用的小语种网站如下：

（1）http：//www.nogalink.com/（这个网站主要用于找巴西客户）；

（2）http：//www.abcitaly.it/（这个网站主要可以找意大利客户）。

这里主要是抛砖引玉，让大家拓展思路，多找一些小语种网站（蓝海市场）。特别是中小企业，先把小语种市场做好，积累资金和技术力量，再开发主流市场。

（五）世界500强企业官网

一般来说，世界500强企业唯恐你找不到它，其网站信息特别详细。很多公司为了方便供应商联系，会把各个部门负责人的联系方式放在官网上。所以，中国企业所需的是勇气，要敢于收集这些信息并且大胆写开发信或者打电话联系客户。

即使公司目前的质量体系（这是前提，联系世界500强企业不难，难的是通过它们的验厂，一般来说，企业对ISO质量管理体系的执行必须到位）达不到世界500强企业的标准，我们也可以先联系世界500强企业的二级或三级供应商（网上基本都有联系方式）。服务好世界500强企业的三级供应商，慢慢提升企业的竞争力，为未来服务世界500强客户做准备。

（六）政府机构商务信息

1. 商务部官网：http：//www.mofcom.gov.cn

可以通过我国商务部官网了解外贸动态，比如哪些国家与我们有大型合作项目，从而判断商机。这需要一定的市场敏锐度。你要是能服务在国外开展项目的国企，则相当于把外贸做成了内贸。

2. 世界买家网：http：//win.mofcom.gov.cn

世界买家网是商务部公共信息服务平台，提供210个国家及地区的57万多家进口商的基本数据（公司名称、地址、电话、进口商品）和辅助数据（负责人及职务、联系人及职务、成立时间、职员人数、进口额、传真、进口国家或地区、公司类型、资本额、互联网域名、电子邮件、银行、公司特点、对华贸易、驻华机构、更新时间等）。大家可以先免费注册临时用户，体验一下网站功能。

3. 外交部官网：https：//www.fmprc.gov.cn/web/

想找哪个国家的客户，可以先在我国外交部官网上找到我国在该国的驻外机构，比如中国驻沙特阿拉伯王国大使馆。看看经贸合作信息，了解一些大型项目情况，找跟自己公司相关的行业，看看企业有无机会提供产品或者服务。

（七）海关数据

易之家（https：//www.tradesns.com）配合搜索引擎使用，能让你找到不少潜在客户。使用步骤是先输入主词，在搜索结果中找到公司名，再配合搜索引擎找到客户。

（八）论坛

我偶尔会去福步外贸论坛看看高手是怎么收集信息的，学习新的找客户方法。特别是刚入行的新手，如果公司内部没有什么培训，则可以去各种专业论坛学习一下外贸高手是怎么做的。论坛上有找客户的方法，也有高手的个人案例（会提到很多公司名）。

（九）社交媒体

这是年轻人比较擅长的领域。我们重点谈领英（LinkedIn）。

领英的玩法很简单。在该网站上找到同行业不同国家的企业的联系人，不管他们喜欢不喜欢，你都可以大胆地加他们为好友，没事就跟他们聊天，时不时更新几篇比较专业的文章，然后静等惊喜。其实就是聚焦你的专业，没事多搜寻国外的潜在客户，然后让其知道你是干什么的，知道你是某个领域的专家。他在需要的时候，能想到你，你就成功了。

（十）报纸

找一些外文报纸，比如《纽约时报》《华盛顿邮报》《明镜周刊》

等商务性较强的报纸。把广告版的企业信息收集起来，配合搜索引擎，找到客户的联系方式。

（十一）展会数据

展会数据，比如广交会数据，如果老板愿意花钱，就买，不愿意花钱，就去论坛看看有无好心人分享。我以前就在各大外贸论坛等好心人分享展会数据，然后下载。当然，老板如果有预算，愿意买，那么得到的信息更完备。

（十二）黄页

我非常喜欢的两个黄页是欧洲黄页和美国黄页。你细心地把这两个黄页好好梳理一遍，找几百个潜在客户不是难事。

（1）欧洲黄页：https：//www.europages.com。

（2）美国黄页：https：//www.yellowpages.com。我最喜欢这个黄页。这个网站上的客户分布，可以精确到州，特别适合找代理商。有雄心开拓全美市场的企业，一定要花时间研究它。

（十三）世界贸易相关机构

如果有雄心，对自己所在的企业有信心，则可以加入联合国全球采购网（https：//www.ungm.org/）。

总之，我想说的是，找客户一定要舍得投入，要么投入时间，要么投入金钱，想省钱就要花时间，想省时间就要花钱。我能有这么多找客户的方法，要感谢我入行时的老板，感谢他相信我的能力。我们高中语文课本有一篇文章——《口技》，说善口技的人只需一桌、一椅、一扇、一抚尺。我刚工作时的老板给我配置了高手才有的配置：一桌、一椅、一电脑、一网线。为了找客户，我想尽一切办法。所谓的高手都是逼出来的，但是老板如果手里有钱，那么还是要投入一些推广成本，别逼外贸信息收集员，否则他们很有可能会选择“诗和远方”。

第二节｜美工

一、理解需求

（一）潜在客户需求

美工在作图之前，要站在用户的角度思考。图片最重要的不是美化产品，而是体现使用产品的场景。了解客户在什么情况下使用产品或者服务，产品最打动客户的卖点是什么，然后把这个卖点的使用场景展现出来。把使用这种产品或者服务的感觉展现出来，体现产品或者服务的价值，比如卖车，卖的是飞驰的感觉，还是图片上标明的油耗和尺寸？车是途经机场、五星级酒店、高尔夫球场，还是行驶于乡间小路？客户看了图片以后会想到何等场景，大脑是否能立即进入那种想象空间，想象空间有多大，这些都取决于美工的能力。美工在作图上跟画家画画有异曲同工之妙，要做到画有尽而意无穷。

（二）行业流行元素

美工作图需要艺术素养激发灵感，这是主观的，那么在客观方面，影响美工设计思路的是行业流行元素。一般的美工，能在各个细节上紧跟行业流行趋势已经算是不错了，但是高手往往能跳出行业界限，在更多的维度上展现设计风格。还是以车为例，其广告设计必须是钢铁侠般硬朗的风格？可否设计一些水墨画的意境？

目前，美工普遍存在的问题是堆砌行业流行元素，恨不得把10个卖点、行业所需的全部流行元素浓缩在一张图中。这样的笔法高明吗？当然高明。客户会看吗？有待商榷。我们要站在用户的角度思考：流行元素为什么能打动客户？作为这个行业的一员，我们的行业共性是什么？相较于其他同行，我们的特点是什么？客户对整个行业有什么期望？客户对这个行业的个性化需求是什么？我们怎么去满足这些需求？

二、作图

（一）作图理念

通过各种途径收集用户的需求，大体了解整个行业的流行趋势后，你就可以动笔作图了。动笔之前的作图意图，我称之为作图理念，大致可分为两类。

1. 卖产品

顾名思义，卖产品突出的是产品，所有的构思都是为了告诉客户，“我有好产品，速来买”。整个作图的核心是突出产品的“好”，想尽一切办法将产品各种性能、参数的特点，在图中体现。有实力的公司会堆砌一切证据，比如专利、国际证书、质量体系、高端工艺等；没实力的公司就要突出产品的美感了，产品的样式、包装、八杆子打不着的外国血统，将修图技巧发挥到极致。

2. 卖品牌

卖品牌的作图理念是通过设置客户使用的场景，如同讲故事一般地将产品使用的体验植入用户大脑。这里我推荐两个经典品牌：杜蕾斯和江小白。两者的美工都是图片制作高手，几乎几张图片就能搞定用户，决定销量。

杜蕾斯的一个经典案例是在一场足球比赛中，中国1：0赢了韩国。之后，杜蕾斯做了一个促销图片。图片很简单，只有两个避孕套，它们一个竖着，看起来像阿拉伯数字“1”，另一个是避孕套口的造型，看起来像阿拉伯数字“0”，中间有一个“：”号，即用避孕套摆成的1：0。配合当日热点新闻。

在中国企业的图片创意中，我最欣赏的品牌是江小白。这是一款爆品白酒，在年轻人中卖得非常好。江小白的消费者有男有女，而且比例均衡。你问江小白是浓香型还是酱香型，估计没人能回答；你问江小白入口感觉如何，是绵柔还是劲道十足，估计也没多少人知道。那么，这款白酒的卖点是什么？一般的白酒一定会突出口感、香型、工艺、起源、发展……而这些，江小白都没有。江小白甚至没在知名媒体上打过多少广告，它只在酒瓶包装上做了一点文章。再说直白一点，江小白卖的不是酒，而是图片文案。江小白卖的是产品的价值，而非使用价值。酒的使用价值是什么？口感。酒的价值是什么？从本质上说，酒的价值是社交。江小白抓住了酒的价值核心，并且将之场景化、故事化，让用户回味无穷。江小白的图片让用户感觉，只要内心有波动或者不确定该不该波动就应该喝江小白，只要进行社交，就必须喝江小白，如果你是文艺青年，就更要喝江小白。江小白为什么销量这么大？就是因为它没有在性能和参数上浪费时间，而是直奔产品的价值核心。

（二）自身审美

关于这一点，我几乎没有什么发言权。我完全不会使用作图软件，平时培训也只是讲自己的营销理念，图片基本交给美工去处理。然而，类似于品酒师，我虽不会酿酒，但是会品酒，我虽不会作图，却比较会品鉴图片。

前面我讲的是图片的设计理念，基本在“务虚”。那么，这一部分我们就来“务实”。图片不仅要立意深远，而且要好看。图片创意十足，但是不好看，也没有效果。

虽然对于作图的技巧，我没什么可说的，但是我可以谈谈鉴赏图片的经验，给各位读者一点启示。只要学习了基础数学的人都知道黄金比例。有一次，美工做出一张图片，基本过关，就是看起来怪怪的，总觉得哪里少了什么。后来，经过沟通，美工在极其不耐烦的状态下改变了一下元素比例，整张图片的感觉顿时不一样了。我们在作图的时候要突出某个重点，而其他元素是辅助。怎么让图片看起来更符合黄金比例，这是需要美工在动笔前深思的。

第三节 | 运营人员

一、营销策划

一个军队的参谋，要做的事情是为某一场战役或者具体战斗制订作战计划。作为企业的“大脑”，运营人员要做的工作具体有以下两项。

（一）长期品牌推广

这相当于为一系列战役做作战计划。为企业品牌做推广，说得直白一点是提升企业商誉，或者增加企业无形资产的行为。为什么客户会觉得某家企业“超值”呢？因为企业长久以来的营销活动和其他用户的消费体验（这属于业务范畴，将会在下一章详细叙述）给客户留下了深刻印象。我在这一节主要谈企业的营销活动，即如何通过运营工作加深客户对企业的好感。

1. 将品牌含义融入用户需求

我们前面说到，高明的企业会润物细无声地将自己的产品融入客户的生活，勾画出一系列的使用场景。以汽车行业为例，我们经常听到“宝马卖的是前座，奔驰卖的是后座”的说法。为什么这么说？因为宝马这个品牌主要聚焦于操控性，买宝马的人追求的是驾驶乐趣，而奔驰定位的是成功人士的座驾，所以老板一般买奔驰，而且坐的是“老板位”——后座。你会发现高明的企业会讲产品的特性与自己品牌的关联，然后将品牌与客户的生活相联系，通过一系列的场景演绎，在客户的大脑中植入卖点。例如中国卖得好的凉茶饮料，突出的口号就是“怕上火，喝 ×××”。

所以，作为外贸企业的运营人员，你必须跟企业创始人或者品牌创始人好好聊聊品牌含义。例如，为什么要取这个品牌名称？它隐含了创始人的什么期望或者寓意？这种期望或者寓意对用户有什么意义？如何用最精练的口号或者文案将其表达出来？如何将其融入用户的生活？用户会在什么场景下使用这些产品？会产生怎样的心理变化？你作为用户，对产品有什么期待？如果产品能满足用户的某种期待，那么在哪种情景下，它最打动人心？用户的生活是动态的，心情是变化的，性格也是有差异的，怎么才能满足绝大多数人的期待和心理需求呢？做外贸要面对不同国家和地区不同客户的需求，这需要运营人员拥有丰富的生活阅历和对产品的深刻理解。

2. 设计产品使用场景

为了方便理解，我们还是以车为例。一个汽车制造厂的运营人员，怎么向不同国家的客户推广自己企业的产品呢？首先，我们要了解本企业品牌的含义。为了不侵权，我假设有一个汽车厂叫筋斗云汽车厂，这个厂的主打产品是筋斗云 SUV（运动型实用汽车）。那么作为筋斗云汽车厂的运营人员，我们应该如何推广这款 SUV 呢？汽车对于绝大多数人来说是代步工具。那么 SUV 作为一款代步工具，与其他车型有什么不同呢？筋斗云 SUV 与其他工厂的 SUV 有什么不同？通过跟工厂创始人沟通，运营人员了解到，创始人期望打造一款既安全又快捷的 SUV，就像《西游记》中的孙悟空借助筋斗云，一个跟头能翻十万八千里，而且从来没出过事故。那么，我们怎么向国外客户推广筋斗云品牌呢？品牌含义我们已经弄清楚了，就是快捷与安全。按照这个思路，我们下一步就应该从筋斗云 SUV 的设计理念来介绍，比如为了保证快捷，工厂是怎么设计发动机的、是如何选择轮胎的；为了保证安全，工厂采用了什么设计理念，汽车的整体框架、A 柱、B 柱、底盘、防撞梁等是怎么设计的，为此，工厂给这款车做了哪些国际性的测试，它达到了国际上的什么测试标准，拿到了什么证书，目前的事故率如何低……

这些都是汽车行业运营人员的标准策划套路。其有没有站在用户的角度思考呢？不能说没有，毕竟在安全和快捷上，他拿出了大量数据，但是用户在选择 SUV 的时候，仅仅考虑安全和快捷因素吗？孙悟空使用筋斗云时，不仅安全、快捷，而且方便，那么筋斗云牌汽车使用起来方便吗？即使我们又拿出了一系列数据证明这款SUV的确使用方便，用户或者客户就一定买账吗？

各位，让我们回忆上一节的内容，高明的企业应该通过什么方式去固化用户对品牌的认知？没错，场景设计。如果有这么一个场景，一架战斗机出故障了，要迫降，而且迫降原因是战斗机的前起落架打不开，情况万分危急。整个机场的人都惊慌失措，这个时候，有一位残疾军人，他只有一只胳膊，单手驾驶一辆筋斗云 SUV，沿着失事飞机迫降的轨迹飞驰，在战斗机前部就要擦着地面的时候，他用筋斗云 SUV 的车顶载着机身，在跑道上高速滑行，战斗机和 SUV 以及战斗机上的飞行员、SUV 上的残疾军人毫发无伤。这个场景是不是比我们说一大堆参数好一些？

3. 传递品牌愿景

当我们的思维开始形象化，可以构思类似的很多场景的时候，我们要思考，这些场景确实潜移默化地影响了客户对品牌的认知，但是只有这些场景就够了吗？场景源于生活、高于生活，但毕竟不能代替真正的生活。那么，品牌能展现真正的生活吗？可以。我们再次回到创始人为什么创建这个品牌的话题上来。品牌含义我们弄清楚了，但是创始人为什么要创建这个品牌呢？通过了解，我们发现，原来是有人嘲讽中国人造不出好车，为了争口气，创始人创建了这个品牌。那么创始人创建这个品牌是一帆风顺的吗？创始人具备造汽车的资质吗？创始人的个人经历是什么？是自己设计还是请人设计？如果是请人设计，创始人跟汽车设计师有什么故事？为了创建这个企业，创始人和联合创始人经历了哪些事情？企业在技术、工艺、筹资、投资、运营上都经历了哪些事情？这些真实的故事是否使这个企业的品牌含义真实地体现在工作的细节上？为了实现安全和快捷的功能，创始人和全体员工都做了哪些工作？目前，筋斗云汽车厂达到了业内什么水平，未来要达到什么层次？企业有什么愿景？员工们目前处于什么样的工作情绪中？为什么？从以往的经历来看，他们有无成功的可能？

产品是一种物品，本不是活物，但是生产产品的是真实的人，围绕产品的生产发生了哪些值得大书特书的故事，这些就是企业的灵魂、品牌的灵魂。一个高明的外贸运营人员应该懂得挖掘生活中的亮点，将产品作为一个载体，将企业美好的愿景通过产品这个载体传递给客户，让客户感觉到这个产品是一群真实的人以何种心态和工作态度去完成的。客户买产品之前感受到的是企业的情怀，购买产品后体验到的是产品背后生产者的工作态度。

品牌塑造不是根据产品去编故事，而是将创始人的初心和公司员工的工作态度通过产品真实地呈现给客户，让客户自己去判断。

（二）短期促销

短期促销就是聚焦某个产品或者某个卖点，在特定的时间或者时限内，通过某种场景，将产品跟客户的生活联系起来。一般来说，短期促销会在某些具有重要意义的日子，通过设计某种场景，加强客户在这个日子中的某种情感体验。

还是以汽车行业为例。在 3 月 8 日国际妇女节这天，我们应该如何设计场景？例如，从突出女性独立的角度，我们可以设计事业型女性开着车前往各类工作场所，突出本品牌的车是事业型女性的代步工具，能助推事业型女性走向成功；也可以设计女性开着车接送孩子上下学，突出女性对家庭的付出，突出本品牌汽车充满温馨的特点，是居家女性不可或缺的帮手。所以产品要具有什么特质或者情感取决于卖给谁，赋予用户怎样的生活体验。

如果站在男性的角度，则只需要设计男性用本品牌的车带着女神去旅游、购物、看电影等一切能让女神开心的场景，体现男人的付账姿态，突出本品牌的车尽显男人的体贴与细心的特点。

如果该汽车品牌历史悠久，则可以突出不同年代的车型在不同年代给人带去的情感共鸣。很多人一谈到促销就只知道降价，这绝对不是唯一的促销方法。我始终认为，最高明的销售是不销而销，要将产品作为一种人类情感传递的载体，而促销是加强人类情感传递信号的方式。

外贸运营人员要深刻理解不同国家的特殊节日，了解这些节日对该国人民来说有什么特殊意义，在这些特殊的日子里，人们的情感交互和表达方式有什么共性和特性，通过什么场景来体现。运营人员要做的就是设计这些场景，促进人类情感的交互和表达。这需要运营人员对世界各国风土人情有一定了解，更重要的是他们要有热爱生活的心，能够展现生活中的美好事物。

有人说商业就是买卖商品，营销就是说服客户掏钱。我认为运营人员应该深刻理解人类的内心需求，通过商品和服务满足这些需求。技巧无法打动人心，也无法让你跟客户建立长期的交互关系。如果仅仅使用技巧进行营销，就会让客户的消费过程显得非常愚蠢，让商家显得非常聪明，这种聪明，客户是怎么看待的？我们到底应该让客户对我们保持什么样的心态和感觉呢？很多成功的企业恰恰没有什么高明的营销技巧，而是“很傻、很天真”地把工作做得非常极致。

二、排版规则

说到排版规则，我们得从两个维度去谈。

（一）网站的布局

不论是做日常推广，还是在某个 B2B 网站、企业官网做推广，我们都要注重网站的布局与排版。从某种意义上来说，企业的运营工作跟报社的编辑工作有相似之处。一张报纸有特定的版面设计，比如头版头条、图片新闻、实时快播等应该以什么顺序排列，广告应该放在哪个版面、占多大篇幅才不会超出读者的忍耐极限。一般来说，广告太少，报社收入不够；广告太多，读者不买账。一个企业网站既有产品说明，又有企业介绍，以什么逻辑排列比较好呢？

1. 以展示产品为重点

从事外贸培训多年，我看过的外贸企业网站不计其数，他们大多是严肃认真的“流水账”结构——主页、企业介绍、产品介绍、企业新闻、联系方式。这种排列结构有错吗？当然没有错，但是中规中矩。我们的网站是给谁看的？给用户看的。谁是用户？如今的消费主力是“90 后”或者“00 后”，他们的浏览习惯是什么？如果各位读者有网购习惯，那么可以看看电商网站的布局是什么样的。其基本都是爆品在前，然后引入其他产品。总之，产品展示占网站的大量篇幅，公司的介绍基本浓缩在产品介绍之后或者只占半个页面。

用户为什么要看企业网站？他要找某款产品。他为什么要找这款产品？因为要解决某种需求。那么，你就要思考：这种需求需要哪个行业的工厂（或者批发零售商）解决？为什么要选这家工厂？

2. 以消费者视角布局网站

当你以一个终端消费者的角度去看网站，你的网页布局思路就非常明朗了。

首先，你要确定产品的主要销售地是哪些国家或者地区。目前，将产品的销售地定位在全球的企业，其网站的浏览结果都达不到他们的预期。根据所聚焦的主要销售区域偏好，确定网站的主要色调，比如主要客户区域在欧洲，那么主色调基本以蓝色为主。为什么？当你无法确定客户对色彩的偏好时，请多看看那些国家的国旗颜色。以此类推，做中东市场，主色调就以绿色为主。

其次，你要思考一下你们的主要客户群由哪些人组成，他们处于什么收入阶层、年龄段，有无性别差异。这些答案明确之后，你就知道网站怎么布局了。

再次，思考另外一个问题：你的竞争对手是怎么布局的。收集全球排名靠前的同行网站，反复浏览直到自己能记住并画下来，再思考自己的网站怎么布局。

工厂网站布局最大的问题就是没有重点。以产品为例，几乎每款产品的介绍除了参数、图片外，其他都如出一辙。产品参数介绍的字数跟高考作文一样，基本在 800 字以上，没有上限。工厂最大的劣势同时也是工厂最大的优势——产品太多。要不要用一样的篇幅去展示每一款产品，把网站做成一个中规中矩的"流水账"式网站？如果工厂有几百种产品，那么这个网站的内容将非常丰富。问题是，客户在网上找供应商容易吗？在某个网站会停留多长时间？有没有耐心把几百个产品的参数看完？假设客户浏览一个产品需要 1 分钟，那么浏览几百个产品需要多长时间？即使客户有耐心，客户是否能通过对比参数得出哪一款产品最符合他的需求？

3. 明确网站设计理念

网站的设计理念应该是：易浏览、易记忆、易传播。例如，一款爆品占据网站主页极大版面，在其周围配合展示几款其他产品，然后罗列客户体验的真实故事、企业最近的一些公益活动，最后列明企业的联系方式。客户在5秒钟之内几乎就能把这个网站主页浏览完，而且能聚焦爆款产品。通过爆款产品的标题和图片，就知道这个产品能解决什么问题。

这样的网站结构非常简洁：产品展示（解决什么问题）、客户体验（解决了谁的问题）、企业活动（这是一家对什么活动非常重视的企业）、联系方式（喜欢我们吗？请通过这些方式来联系我们）。网站设计要以客户为中心，少写口号，但是企业做了什么、产品解决了哪些问题，都要展示出来。

（二）单个产品页面的布局

1. 产品标题

产品标题大体包含两个主关键词：产品主词（产品是什么）、产品介绍词（解决什么问题，提炼最重要的一个卖点）。

2. 产品图片

用一张图片诠释标题。通过最常见的使用场景来体现产品怎样解决用户问题或满足用户需求。

3. 产品价格

产品价格信息包括零售价、批发价及起订量、全年协议价（客户将全年订单下满时的单品价格）及采购量。制作一个表格，浏览时间不超过5秒。

4. 产品原料

这一部分包括原料产地、原料标准、第三方检测证书。

5. 产品生产流程图

制作一个 2 秒就能看完的流程图。介绍生产流程参照哪个质量管理体系、影响产品品质的关键工段是什么、怎么检测、检测标准是什么、检具是什么、检测人员需要具备什么资质。可能的话，发布一个 10 秒左右的检测视频。

6. 生产负责人

介绍生产负责人的学历、工作经验、最有代表性的工作案例（比如服务过世界 500 强客户或者全国知名品牌客户）。

7. 检测负责人

介绍检测负责人的学历、工作经验、最有代表性的工作案例。

8. 物流、客户负责人

介绍物流、客户负责人的服务内容、相关学历、工作经验和经典案例。

9. 客户体验

展示重要客户或者用户使用该产品后的体验和感受。有可能的话，发布一个 10 秒左右的视频（例如世界 500 强客户的）以及体验图片（不超过 5 张）。

10. 公司创始人

介绍创始人是谁、为什么要创建这个公司、人生追求是什么、目前公司达到了其哪个阶段的预期、未来还要做什么。

11. 联系方式

假如你是用户，你看到某款产品，大脑中的思维活动是这样的：这个产品能解决什么需求？它的原理是什么？用什么材料制造的？有无偷工减料？是什么人制造的？这些人的制造水平、工作态度如何？产品是否进行过测试？使用什么工具测试？测试标准是国家标准的还是国际标准的？付款之后，这家公司的物流多久能把货运到？以上我都比较满意，那么价格如何？要砍价的话找谁，联系方式是什么？

以上流程是根据用户看到一款产品之后的思维活动设计的。产品页面的布局没有固定模板，一切以用户需求为中心。设计之前要明确用户如何方便、快捷地了解你的一切？如何在最短时间内作决定？你的独家优势是什么？该不该展示，怎么展示？

三、成本控制

运营无疑是经常动脑的岗位，但是最让运营人员头疼的是，几乎所有老板对运营人员都有一种悖论式的要求：用最小的成本达到最优的效果。那么，这种悖论式的要求，运营人员能不能达到呢？对于高明的运营人员来说，这都不叫事。运营人员的工作内容包括两类。

（一）花钱找到客户或者被客户找到

运营人员要根据老板拨的预算，先把需要花钱的项目整理一下，找到能获得最大流量的项目和花最少的钱就能推广的项目，采用排除法，把钱花在刀刃上。例如，问自己几个问题：选择展会还是 B2B 网站做推广？为什么？如果最终选择 B2B 网站，那么选择哪一家？为什么？如果要参加展会，那么选择哪一个国家的哪一个展会？为什么？

（二）不花钱找到客户或者被客户找到

预算花完后，就要把精力放在不花钱找到客户或者被客户找到的方法上。关于不花钱就能找到客户或者被客户找到的方法，我前面简单介绍过，这里不再赘述。

团队要进行分工，将每个人每天的工作时间进行精确规划，比如谁通过搜索引擎找客户，谁在免费 B2B 网站上发布信息，谁在黄页上找客户。如果这些活都由一个人干，每天分多少个时段，每种方法要花多少时间。工作一周后进行总结，哪些方法效果最好，就在下一周投入更多的时间去执行。工作一个月后再进行总结，哪种方法获得的客户信息最多，就在下个月将其作为主要工作，投入更多时间和精力。

工作规划是对工作的一种全面梳理，实际工作要随时面对变化，好的方法是测试出来的。我授课时，很多学员问："什么是获得客户信息的最好办法？"我无法回答。在那么多种方法中，最适合你的，需要你自己从实际工作中总结。

第四节｜推广主管

一、人员选拔

俗话说得好，选择比努力重要。思想不同的人，行动很难一致。三观不同的人在一起工作，后期的磨合成本太高，关键是工作没效率，团队内耗大，对于年轻人来说，特别影响心情。

所以，人员选拔就是找到技能达标，并且个人发展方向基本与公司发展方向相符的人。怎么找到这样的人呢？我来介绍一下我的做法。

（一）查意愿

我们要知道来应聘的人是否喜欢公司所在城市。怎么了解？问来应聘的候选人是否是本地人，如果不是本地人，那么他是否喜欢这个城市，认为这个城市的房价如何，有无买房定居的意愿。通过这几个问题，我们基本能了解应聘者对这个城市的感觉。如果应聘者根本不喜欢公司所在的城市，那么这里顶多算是他的“技能培训班”或者“心情调节器”，他迟早要走。

应聘者喜欢你们公司所在的行业吗？可以问一下应聘者的个人发展规划。谈完这个问题，你就知道他是来“镀金”的还是来大干一场的。试想，如果你们公司所在的行业根本不符合他的个人规划，那么他会长待吗？

应聘者如果喜欢你们公司所在的行业，那么他喜欢你们公司吗？问问应聘者对公司的大致看法或者主打产品的感觉，你基本就能判断了。我曾发现很多应聘者对公司根本没想法、没感觉。为什么？因为他们根本没怎么了解公司情况。这是很有趣的现象。完全不了解意向公司又愿意花时间、花路费去面试，这是怎样的心态？我无法回答，但是应聘者是否喜欢公司是绝对能看出来的。

应聘者喜欢公司，他喜欢应聘职位的工作吗？我经常发现我们发布的招聘启事是招美工，来的人却说他是应聘运营岗位的。现代人已然进化到了只考虑他要干什么，至于你公司要什么人，跟他关系不大的地步。所以，我们后来发布招聘启事都注明："只招招聘启事所列岗位，非诚勿扰！"结果还有其他岗位的应聘者来面试。后来我在招聘启事上写招聘某某岗位，待遇从优，其他岗位暂时满员，如果来应聘则待遇可能没有我们要招聘的岗位好，结果才好一些。所以，大多数应聘者关注的是待遇，不是岗位，而我们需要的是定位相对精确的人，是知道自己的比较优势的人。

（二）看性格

不同岗位对从业者的性格要求不同。需要成熟稳重还是活泼灵动？需要冷静还是冲动？需要理性还是感性？需要有团队精神还是个人英雄主义？

如何看出人的性格呢？聊天。聊什么？聊他对家人、同学、朋友等人的看法。聊这些有什么用呢？《论语·学而》称："其为人也孝弟，而好犯上者，鲜矣；不好犯上，而好作乱者，未之有也。君子务本，本立而道生，孝弟也者，其为仁之本与！"一个不爱自己父母，不爱兄弟姐妹的人，会喜欢你的公司吗？会有团队精神吗？知道为了什么而工作吗？知道什么是责任感吗？

（三）考本领

考本领无须婉转，直接考量即可。

如果招信息收集员，则可以把产品目录给应聘者，让他找目标客户。在一个小时内看看他能找多少个，有多少种寻找方法，或者让他编写一个关键词组或者标题组，看看他在单位时间能写多少个。

如果招美工，则让他直接做一个产品促销海报，或者设计一个网站主页。在单位时间内看他的设计效果即可。

如果招运营人员，则直接让他做一个企业年度或者月度推广计划书，写清需要花多少预算、达到何等效果、采用什么方式。

二、培训体系

整个推广板块的培训体系可以用图 3–1 的倒三角诠释。

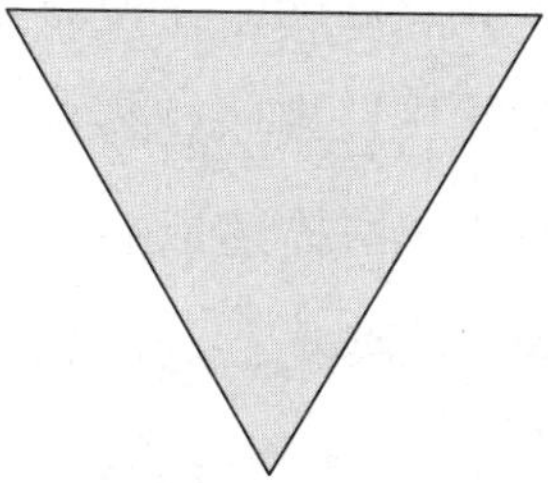

图 3–1　培训体系倒三角

我最开始带的业务员是 1983 年出生的。给“80 后”培训，把厚厚一沓业务操作流程给他就可以了。给“90 后”培训，这样可以吗？当然不行。为了让“90 后”对培训感兴趣，我绞尽脑汁。如何让专业课程充满乐趣？把自己变成外贸培训行业的郭德纲？（我一直认为我是外贸培训界业余相声讲得最好的。）

言归正传，为什么推广板块的培训体系是一个倒三角？如果读者看过金庸写的《倚天屠龙记》，就会记得一个场景。张三丰教张无忌太极拳和太极剑后，问张无忌记住了吗，张无忌回答记住了，张三丰说，忘记这些，你什么时候忘了就学会了。推广课程也是一样。你什么时候把课程内容都忘了，只记住这个倒三角，就算学会了。

对于“90后”的年轻外贸同仁来说，心里有这个倒三角就够了，无须记住那么多理论知识。为什么是这个图形呢？请看表3–2。

表 3–2　线上推广的效果与影响因素

获得效果	影响因素	谁来做	工作重点
曝光	标题关键词	信息收集员	关键词库
点击	图片	美工	主图
询盘	产品详情页	运营人员	策划与布局

以上是线上推广的效果与影响因素。我们在网上获得推广效果的逻辑是这样的：客户搜索某个关键词，在搜索结果页面中有我们公司的产品（最好在搜索结果首页并且排序越靠前越好），这就是曝光。客户点击某个产品，看到产品详情描述以后，给供应这个产品的公司发一封询价信，这就是询盘。从曝光、点击到询盘，概率依次递减，像一个倒三角。

很多外贸企业负责人抱怨网站运营效果不好。其实网站运营就看3个数据——曝光率、点击率、询盘率。没有客户是结果，它的原因才是解决问题的关键。从源头来说，关键词不好，肯定没有曝光率；曝光率不好，怎么会有点击率？没有点击率哪里来的询盘率？

线下销售的原理也是这样。没人看你的店铺招牌，就没有“曝光率”，有人看了招牌，但是没有走进店里，就没有“点击率”，进了店但是没有问销售人员任何问题就走了，就没有“询盘率”。

我们再看看解决方案是什么。当我们发现推广效果不好是哪一个环节出了问题时，解决方案就出来了。曝光率由关键词和标题决定，这是信息收集员的工作，需要由他来改进，比如优化关键词；点击率主要由图片决定，特别是刚开始做推广的网站，没有口碑，需要美工优化图片；询盘率主要由产品详情页决定，需要运营人员改进网页内容和布局。

运营主管需要不断强化一个理念——一切以用户数据为基础，并将这个理念融入每个员工的日常工作。通过检查曝光、点击、询盘这 3 个环节的数据，去发现问题、解决问题、优化推广方案。

三、组织结构与激励制度

关于组织结构，前面已经讲过，不再赘述。这里补充一点，企业要根据自身实力和实际情况进行团队组建。例如，一个外贸公司是夫妻俩开的，需要雇信息收集员、美工、运营人员吗？暂时不用，否则还没组建业务板块，公司就被人力成本拖垮了。能不能由老板担任信息收集员和美工，让老板娘当运营人员，然后两人兼任业务员？当然可以。有些岗位必须有，至于每个岗位是一个人还是几个人，取决于企业的自身实力和具体状态。

明确公司的组织结构是为了提升工作效率、找到问题、解决问题。要达到这个初衷，就必须有激励政策，让员工愿意为公司效力。

试想，如果员工能不花你的钱就帮你找到客户，相比于让你花钱做推广是不是在为你省钱？你拿出省下的钱的一部分去激励员工，可以不可以？

我建议各位老板可以设计如下单项奖：

（1）针对信息收集员：最优关键词、标题奖（获得曝光最多的词或标题），收集免费客户数量或者质量最佳奖；

（2）针对美工：最优主图奖、最佳促销海报奖；

（3）针对运营人员：爆品策划奖、最优促销活动奖。

单项奖必须是一次性的、短周期的、迅速结算的奖项。这样的奖项可以激发员工个人的创造力和激情，但是对团队的激励作用不大。所以，必须设计团队合作的奖项。我认为团队奖项应该是类似于分红的年度奖项，团队必须达成整体业绩目标才能拿到，比如团队利润达到公司总利润的百分之几——数额必须可观。任何无视团队整体效益的人，都会被团队淘汰，无缘分红。为什么要这样做？如果只设单项奖，那么很容易出现很多“专家”，大家“各扫门前雪”，对于其他同事的事情，丝毫不关心，反正干好自己的活就有奖励。如果有团队奖项，虽然团队的美工技术不错，但是信息收集员找的关键词一直很烂，那么美工是冷眼旁观信息收集员的尴尬，还是想办法帮助信息收集员呢？团队精神是由各种制度激励的，每天喊口号是喊不出来的。

四、日常管理

对于运营主管来说，最重要的工作就是日常管理。谈到运营这种以动脑为主的策划工作，其主管给人的感觉是运筹帷幄的军师型人物。理论上，运营主管是企业的军师，但实际上运营主管干的活没影视剧中的军师那么潇洒，至少看起来非常枯燥。我认为运营主管工作的重中之重是分析报表。分析什么报表？运营工作报表（见表3–3）。

表 3–3　运营工作报表

付费网站运营效果	免费收集客户效果	每日工作	会议	优化方案
曝光	数量	信息收集员日常工作	日总结	
点击	质量	美工日常工作	周总结	
询盘	与付费推广效果对比	运营人员日常工作	月总结	

每天，运营团队的每个人自己制作一个给自己看的报表。这不是给领导看的流水账，所以不以形式为主，而以内容为主，不必要求把表格做得整齐划一。我宁可表格看起来不美观，也没固定格式，但是每个人都真实记录了自己的工作。例如，工作是怎么开展的？这么开展的思路是什么？希望达到什么效果？实际结果如何？达到自己的预期了吗？如果没有，是你想的不对，还是想对了但做得不对？未来要换工作思路，还是换工作方法？领导看过程吗？花钱做推广的网站、展会，效果如何？如果效果好，则看看每个岗位的工作过程，总结一下，将其固定下来，在下一阶段继续延用，然后再优化具体细节；如果效果不好，则分析原因，和团队成员一起看工作报表，让领导帮你分析一下你的工作流程对不对、工作方法有无可优化之处，然后形成优化方案。优化方案中最重要的是激励制度，比如推广效果好，应该怎么奖励；推广效果不好，怎么激励。没错，是激励而不是惩罚，士气可鼓不可泄。多交换思想，多跟伙伴一起探讨，少开形式会议，多总结问题，这些是不是以开会的形式完成不重要，重要的是一直聚焦发现问题、总结经验、优化方案的过程。

五、重要策划

（一）“网战”

俗话说，商场如战场，如今的网上推广竞争已经到了白热化的程度。经营一个网站就是在打“网战”——网络上的商战。

1.“网战”的基本打法

（1）“资本主义”打法

这种打法，通俗易懂的说法就是用钱砸。以推广网站为例，你可以花钱买一个关键词的固定排名，比如第一名，只要客户搜这个词，你的产品就永远在搜索结果中排第一，或者花钱对关键词进行竞价排名。那么，是不是把相关关键词的排名都买下来就高枕无忧了呢？前文已经说过了，关键词排名只能保证曝光，虽然你的产品在搜索结果中排第一，但是客户是否点击还受很多因素影响，比如图片、交易数据（有的网站有）等。在经营水平相同的条件下，搜索排名靠前确实占很大优势。这类网站可以全年都搞促销，用钱抢订单，所有的外国节日、中国节日加起来，全年能找出两百多个节日，就连愚人节都能来个打折活动。说实话，这种打法基本无解，是绝对的王者打法，在绝对的实力碾压下，任何技巧都是徒劳的。钱不是万能的，但是有钱确实在营销上多了任性的底气。

（2）“知本主义”打法

科学技术是第一生产力。运营网站的各种基本功和技巧是很多运营高手必备的。如果公司预算不够，那么就需要运营人员发挥“小米加步枪”对抗机械装备的精神，在关键词、标题、图片、产品详情页和网站布局等各个细节上追求完美。这类网站的格调是情义无价，其运营思路是既然没有实力对客户诱之以利，那就只能对客户动之以情了。

具体做法包括：元旦借助产品“开始新的一页”；情人节借助产品传递“爱情”；国际妇女节渲染“女性之美”……按照这个思路，基本上也可以“情义一整年”。这种方法从长期看，难以持续。一是过分透支客户的情感，二是有实力的“资本主义”打法公司一旦玩起情感来，你根本没法抗衡。

（3）“资本主义”+“知本主义”打法

这是最可怕的打法。目前的网络推广已经进入了这个阶段。那些一直预算不足的公司里的“用步枪打战斗机”的高手不可能总在艰苦的环境下奋斗，那么他们会去哪里？答案不言而喻。所以，目前最可怕的公司就是既有钱，又网罗了很多运营高手的“资本巨鳄”。真正的“资本主义”打法不是把钱砸在网站上，而是把钱砸在推广团队上，用“资本主义”助推“知本主义”。目前，很多公司已经在人才上和流量上占据绝对优势，大者恒大的年代已经来临。

2. 中小企业“网战”的打法

中小企业在网站运营上是否就没有机会，只能被有实力的公司“屠杀”呢？中小企业“网战”的打法其实也有两种：一种是“农村包围城市”的打法，即选择一些比较生僻的市场进行开发，避开成熟市场的红海竞争；另一种是最新的打法——“回归自然”。

“回归自然”的打法侧重于宣传公司领导及团队是出于热爱行业或者产品而去做产品的。这种打法在宣传中不煽情，只剖析心路历程，比如公司领导进入这个行业的初衷是什么；为了满足用户的什么需求；

为了满足用户的需求，都做了哪些工作；目前取得了哪些成绩；未来想实现什么目标。网站的宣传重点是已有用户的真实体验，包括这个行业或者某些产品给他的生活带来了什么变化，作为用户，他对这个公司有什么期望。整个网站用一个字概括就是“真”。

这样的公司就是我们常说的“小而美”的公司。它们把某个细分市场做到极致，形成口碑效应，慢慢积累力量。这些企业虽然暂时看不出有什么实力，但是基本上拥有了“销售王者”的内核，能够“不销而销”。他们销售的不是产品，而是一种生活方式，一种生活理念，产品或者服务只是他们传达生活方式和理念的载体。

我非常看好这样的公司。目前，消费主力逐渐从“90后”转变为“00后”。面对新时代追求个性化的年轻一代消费者，具有大规模批量生产能力的公司逐渐被紧凑、独特的小批量订单，甚至是单件订单弄得头疼时，小而美公司的机会就来了。我认为未来的商业竞争将是生活方式的竞争。“营销”这个词可能会从商业字典中被抹去，取而代之的是“共生”或者“共存”这类词。

（二）展会

在线上推广中，我们很少看到客户，只在电脑或者手机上进行博弈，属于比较枯燥的推广方式。下面我们要讲讲比较刺激的推广方式——展会，即能够与客户面对面沟通的推广方式。

1. 展会与线上推广的区别

（1）时效

展会竞争的结果是“秒杀”或者“被秒杀”。你是否有这样的感觉：自己的展位门可罗雀，而对面竞争对手的展位门庭若市；自己面对客户时，大脑一片空白，而竞争对手口若悬河？这个时候你会发现你对产品、对行业，甚至对自己的企业都不熟悉，基本功烂得不行。这是多么痛的领悟！

（2）花费

孙子云："故兵贵胜，不贵久。"，他还说，"凡用兵之法，驰轩驷，革车千乘，带甲十万，千里馈粮。则内外之费，宾客之用，胶漆之材，车甲之奉，日费千金，然后十万之师举矣。"这深刻说明展会的打法在于速战速决，否则花费巨大。线上推广的开销一般是按年度计算的，所以花钱基本没感觉，但是在展会期间，花钱都是以天计算的。展位费、人员住宿费、餐费、车马费、展架搭建费、物料租用费……平均一天要花费上万元，如果做特装，则成本不可计数。

以上两点决定了展会打法只有四个字：速战速决。

2. 怎么进行展会推广

（1）"天时"分析

所谓天时，就是弄清楚要挣谁的钱，要会进行宏观经济分析。比如有的时候出现衰退，而有些市场开始兴起。那么，公司是否要放弃衰退市场，全力投入新兴市场呢？俗话说瘦死的骆驼比马大，尽管有的市场出现衰退，但却是国际成熟市场，是主力消费市场。所以，正确的做法是进行两手准备，在成熟市场拼单，在新兴市场布局。除非新兴市场份额很大，否则我们还是要把主要精力放在成熟市场上，但是要在新兴市场上进行测试，了解其潜力如何。

这需要企业站在专业角度进行细致分析。仅仅从挣钱的角度去分析客户，就太主观了，而且即使想挣发达国家的钱，也要进行细致的客户分析。

我把客户分为三个类别。第一个类别叫作“金融流”，以美国客户为代表。美国的“营利”模式是卖美元，收铸币税。虽然美国也出口一些实物产品，但相对于美元产品来说，量太小。第二个类别叫作“实业流”，以出口工业品为主，中国、德国、日本、韩国等国家的客户都是这个类别的。第三个类别我称之为“贸易流”。贸易流又有几个支流，第一个支流叫“贵族流”，只要产品品质好，这类客户基本不在价格上纠结，比如北欧部分国家和新西兰的客户。第二个支流叫“土豪流”，尽管富得流油，但还是要跟你谈价格，以中东国家的客户为代表。我在讲课时，很多学员不理解，中东国家的客户这么有钱，为什么还要讲价。其实翻开世界贸易史，我们就会发现中国自古以来都是世界工厂。从汉代到清代，丝绸之路一直是中国往西方国家输出工业品和进口奢侈品、原料的要道，而中东人做什么？从丝绸之路开辟时起，他们就一直做中间商在挣差价和收买路钱。所以，尽管今天他们富得流油，你让他们改变自己的传统也是不可能的。第三个支流叫“草根流”，你还没报价，他就喊“价格高了”。所以即使不谈行业专业度，只讲怎么挣不同国家客户的钱，你就得做很多基础工作。

当你确定要挣那个国家客户的钱时，你的展位就必须按照你的目标客户去设计。这就是第一步——“天时”分析。其实更进一步，你得分析宏观经济形势，预判哪些国家未来几年经济形势不错、会有新的机会、怎么去分一杯羹。例如“一带一路”倡议对于企业有哪些机会，美国与我国打贸易战，全球有哪些新机会。“东方不亮西方亮”，企业不要把目光只盯在一处。

（2）“地利”分析

孟子曰：“天时不如地利。”当你确定要参加哪个展会、挣哪些国家客户的钱以后，接下来要做的事情就是选好展位位置，这一点非常重要。

那么，怎么选展位位置呢？《孙子·九地》云：“我可以往，彼可以来者，为‘交地’。诸侯之地三属，先至而得天下之众者，为‘衢地’。”我们现在以广交会广州琶洲馆为例，看到图 3–2 这个平面图，你会选择哪一个位置？

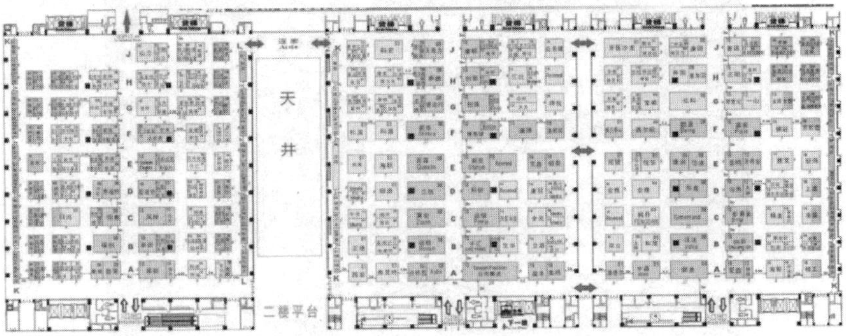

图 3–2　广州琶洲馆平面图

理论上最好的位置就是横纵交汇的位置。无论客户从东西来，还是从南北来，都必须经过那个位置。所以会场中心位置是客流量最大的位置，属于商家必争之地，这个地方的展位费也是最高的，没实力根本无法得到。围绕着展位位置，展会推广有两种打法。

① 第一种打法：“贵族流”或者“土豪流”的阵地战

“贵族流”与“土豪流”的不同点是“贵族流”的特装展位看起来非常有格调、有内涵，韵味无穷；“土豪流”则是将各种装修风格混合起来，将各种耗钱的元素用后现代手法堆积在一起，总之看过以后除了不和谐，就是惊叹老板有钱。“贵族流”和“土豪流”展位的相似之处是都占据最佳位置，也就是我们说的“衢地”。

展位的展示风格，诠释了阵地战的精髓。先说阵地战，顾名思义，老板是“贵族”或者“土豪”，其“衢地”占据十几个展位，装修得美轮美奂；所有参展人员要么西装革履，要么统一穿制服；沙发、休息室、免费点心齐全；大屏幕电视不间断播放产品或者企业信息；样品按照美学规则，洋洋洒洒摆满几十平方米的展位，无处不洋溢着潜台词——这个企业老板有钱，实力雄厚（如图 3–3）。

图 3–3　“贵族流”和“土豪流”企业展位

② 第二种打法：“草根流”的游击战

这种打法特指老板对预算控制得非常紧的打法。即使中间展位布满“贵族”和“土豪”，对于展会公司来说，犄角旮旯的偏僻展位也得卖出去。展会上 3 米 ×3 米的标准展位（如图 3–4），别说特装，就连装饰都没什么，朴实无华到极致，基本是“草根流”公司的。这些公司要么没钱，要么有钱，但老板不愿意把钱花在展会上。这些位置基本没什么客流量，除了个别看完“大都市”想领略“农家乐”风情的客户，或者是对价格极其敏感的某些国家的客户，基本没人关注。当然，不排除你的产品非常有特点，无须用“身外之物”体现你的格调，就好比世界首富穿背心、裤衩，无须穿一身阿玛尼，他还是世界首富一样。

图 3-4　“草根流”企业展位

面对“门前冷落鞍马稀”的情况，我们该怎么办呢？我们可以打游击战。具体怎么做呢？

商场如战场，而打仗靠的是银两，没有银两，想占领“衢地”，免谈！所以，游击战的重点是退而求其次——占领“交地”。我们要思考展馆的整体地理位置，哪个进出口靠近城市地铁站、公交站、出租车站，属于人流量相对密集的地方，然后尽可能地抢先购得靠近该出入口的、比较显著的位置，即使靠近厕所也在所不惜。厕所周边的流量也不得了。如果公司展位寒碜，但是有拿得出手的独家产品，那么，也不一定没流量；如果公司产品是大众产品，就必须使用游击战打法去翻盘了。

游击战的精髓在于游而击之。没有特装，也没有统一制服，工作人员穿得五花八门，再不想出路，哪有什么流量？所以企业需要引流。首先，我们要尽可能在所有的出入口安排散兵，让同事，尤其是女同事穿得像模特那样，胸前挂个公司广告条幅站在那里，保安以为她们是模特，一般不会驱赶，那么，她们就可以在保安眼皮子底下大张旗鼓地发公司宣传页了。其次，让这些“散兵”不时转换位置，哪里人多去哪里，哪怕是竞争对手的展位，也可以让他们以迅雷不及掩耳之势把宣传页发到潜在客户手中，把客户引到自己的展位。再次，在场外也必须安排“散兵”，在地铁出口、通道、展馆进口处，将同样的招数再用一遍。由于场外没保安干扰，因此效果会相对好一些。有不少客户会根据宣传资料上的信息来到展位，至于看了展位后是不是败兴而归，那就不是“游击队员”的问题了。

“草根流”公司是不是只能进行游击战，不能打阵地战呢？不是。这些公司在敌强我弱的时候必须以游击战为主，在适当的条件下可以进行局部的阵地战，乃至攻坚战。水无常势，兵无常形，不要僵化地进行营销推广。

我举一个我的案例。我曾经参加过一个汽车保养设备行业的专业展会。我所在公司选的展位并不起眼，也没进行特装。我做了三件事使我们的展位成为该场展会的亮点。第一件事是在展位门上拉了一个横幅，写上“The Best Garage Equipment in the World”（世界上最好的汽车保养设备）；第二件事是安排散兵，让他们只告诉客户一句话——世界上最好的汽车保养设备在某某展位；第三件事是设计展位，我们在展位中间弄了一个小隔间，上了锁。没错，有经验的读者已经想到了，我用的是饥饿营销法。这种做法与同行背道而驰，他们是唯恐什么地方没被客户看到，而我们是有选择地让客户看。我们每次只限一个公司参观展位。那次我所在公司确实开发了几款新型设备，是别的公司没有的。我认为，有人看到横幅或者被“散兵”通知后，无非有三种结果：第一种是认为我们口气太大，直接走开；第二种是半信半疑，也许逛一圈展位后会来看，因为每年展出的新品基本都没什么新功能，样式也没翻新，所以，如果有颠覆性产品，则一定会给比较激进的客户带来惊喜；第三种是客户心想，“谁口气这么大，我要见识一下他们的产品到底有什么特别的！”

这次参展的结果好得超出我的想象。第一个客户被请进小隔间去看产品之后，来的人越来越多，有被“散兵”通知来的，有被横幅吸引来的，总之大多数人都对我们的产品充满了好奇，而每次只让一个公司的人进去看，激发了更多的人的好奇心。最后，我们的展位被人潮包围，很多同行也怀着各种心态站在展位外，间接帮我们拉人气，很多远处的潜在客户纯粹是被人潮涌动的景象吸引来的，结果看到了横幅，出于好奇心，宁可排队也要看看隔间里有什么神奇之处。我的策划大获成功，客户名片数到手抽筋。所以，只要动脑，“草根流”公司也可以打阵地战，前提是确实有拿得出手的产品，否则把人吸引来了也留不住，反而坏了口碑。

理论是死的，在实际营销中到底是选择阵地战、游击战，还是游击战和阵地战综合使用是运营部门必须慎重思考的，并且必须根据展会的实际进度随时调整，不可僵化执行。

（3）“人和”分析

① 分工明确

展位上一定要有一个统帅级的人物坐镇，统筹安排一切工作并且准备应对任何突发事件。下面是几个重要的工作分工：谁负责参展时期的食宿安排，包括在哪里吃、吃什么，在哪里住，距离展馆多远，通过何种交通工具保证参展人员每天不疲于奔命，最关键的是在保证战斗力的同时把预算严格控制在公司要求的范围内；谁负责布展以及布展完毕后，每天的样品、参展物料的摆放、归位；谁负责接待客户；谁负责收集名片和记录。总之，要确保每一个参加展会的人都人尽其用。

② 业务基本功扎实

第一，知己。参展人员要能一句话概括公司产品的卖点，知道通过什么形式让客户明白。

第二，知彼。这要从两个方面去谈：

一是要从客户的角度问自己几个问题，即客户需要的是什么，跟我们的产品有什么关联；

二是要从对手的角度，问自己几个问题，即他们会以什么形式来跟客户介绍产品，我们如何做得比他们好。

③ 参展 KPI 考核

考核的标准是什么？有的公司以现场签单数量为考核标准；有的公司以收集客户信息的数量为标准。作为主管，要考虑的是你要达到什么效果，为了达到这个效果，如何激励员工；作为运营人员，最重要的是获得客户信息。

我们刚才已经讲完了整个展会的实际工作流程，那么客户从到展位参观到做出互换名片的这个动作，中间会经过多少流程？客户为什么愿意给你名片？是什么打动了他？如何在最短的时间内让客户了解产品的卖点？什么是影响客户跟你交换信息的关键？这些是推广主管要重点考虑的。

前面讲过，不同国家的客户有不同的消费偏好，而且国家与国家之间的经济状况不同，有些国家的客户比较有钱，那么有钱客户跟没钱客户的名片一样吗？比如世界 500 强公司主管的名片跟小微企业老板的名片，哪个质量更好？推广主管必须界定好名片的标准，然后根据不同品质的名片设计激励政策。例如，公司的主要销售区域是欧美地区，设置欧美公司的名片系数为 1，亚洲或者非洲公司的名片系数为 0.5，最后以收集名片的总数去决定员工排名。这样可能比单纯的比拼名片数量要科学一些。

展会推广以效率为主，线上推广是持久战，以在每个细节上积累力量为要。总之，做推广就是站在用户需求的角度去展现自己。

第四章 外贸业务员的职业规划

外贸业务员是一个非常需要“演技”的岗位。在所有需要演技的岗位中，外贸业务员的演技排第三。排名第一的是特工，犯一次错就可能失去生命；排名第二的是特种兵，特种兵的戏路比较窄，只能扮演敌军；排名第三的就是外贸业务员了。

很多外贸业务员崇拜演艺明星，但明星拍戏有固定的剧本，忘词、笑场的后果只是重拍一次而已。请问外贸业务员跟外国客户谈判可以出错吗？外贸业务员犯错，不会丧命，但是会损失钱，甚至丢工作。至于损失多少，取决于你面对的是什么级别的客户。当然，如果丢了几十万美元或者几百万美元的订单你觉得无所谓，那么有这个心态，你肯定能干大事，前提是你的老板也是干大事的。

从事外贸业务的人基本都是集导演、主演、灯光师、场景师、服装师、造型师等身份于一体的人，除了制片人，外贸业务员得把电影制作的其他所有角色承担下来。这一章，我主要讲外贸业务员的职业规划。

第一节 | 熟悉外贸流程

一、收集客户信息

信息收集员提供的客户信息一般只是客户的联系方式，最多包括客户所属的国家、公司所属组、负责人、姓名、联系人的姓名、职位等。对外贸业务员来说，这些仅仅是最基本的信息。外贸业务员要对客户做背景调查，一是公司的背景，这个公司实力如何，处于产业链什么位置，能跟我们公司有怎样的合作；二是具体联系人的背景，这个联系人处于这个公司的什么位置，有什么权限，能否直接签单。

外贸业务员必须去做大量的调查工作，或者是通过高明的沟通探知客户信息。业务员根据这些信息来分配工作时间，把根据背景调查得来的客户数据进行排名，从重要的、支付方式对我们有利的、订单利润高的、订单量大的客户着手，分配自己的工作时间和精力。

二、分析客户信息

客户背景调查是为了从大量意向客户中找到优质客户，分析客户信息是对每一个优质客户进行具体分析。外贸业务员在谈订单前必须深度思考。客户把订单给你的原因只有一个：你的公司提供的产品或者服务是最具优势的。如果客户是工业领域的，那么说明你们公司的产品或者服务刚好是客户产业链中的一环，能够提升他们的效率；如果客户是商业客户，则说明你们的产品或者服务能够快速变现，通俗地说就是好卖一些。不管是哪种客户，要让他们选择你，你们公司的产品或者服务必须符合他们的营利模式。外贸业务员必须深度理解客户的营利模式，然后提供符合客户营利模式的产品或者服务。

三、业务沟通

外贸业务员的水平主要体现在沟通环节。如果不能在比较短的时间内将本公司的产品或者服务介绍给客户，就基本没有机会了。仅仅把自己公司的优势体现出来还远远不够。万里之外的外国客户也是在做了大量的供应商背景调查之后，才决定把订单给你而不是给别的供应商的。高明的外贸业务员会找到一个卖点体现公司的比较优势，然后将其放大，让客户明白，好的供应商是能够助力企业产业链效率以及整体盈利水平提升的。简言之，真正高明的外贸业务员卖的不是产品或者服务，而是提升客户利润的方案。

四、确定意向

意向是跟客户在某个方面达成的共识，也可以说是外贸业务员推荐的最能提升客户利润的某种产品、服务或者解决方案。

五、确定合同

确定意向后，业务员必须趁热打铁，将意向变成订单，迅速确定订单合同。以产品销售合同为例，要确定产品品项、型号、技术要求（注意不要有软条款）、发运港、收货港。其核心要点是价格、贸易术语（是 FOB 还是 CIF）、数量、交货期、到货期。值得注意的是不可抗力条款，而且要与贸易术语中的保险条款结合起来，要先谈好付钱方、收益。最后，一定要注意争议解决办法，比如在哪里仲裁、以哪国法律为准。

六、收款（订金）

客户是“上帝”，这个话没错，但是只有客户付款后，你才能感觉到“上帝”的福音。对于生产型出口企业来说，一定要收到订金后再安排生产，有订金说明客户有诚意。

七、下生产单

生产单一般是五联单或者六联单。根据合同，生产单是由业务员出具，之后由跟单员下给企业内部部门的具体订单执行文件，接收部门主要有企业采购部、生产部、财务部、技术部、质检部，有些工厂还有物流部。企业各部门要知道在什么时间完成多少品种的产品、何时发货、发到哪里。

八、订舱

外贸目前最省钱的运输方式是海运，最快、最费钱的是空运。外贸业务员要学会如何对航空公司或者船公司下订舱单。后续工作由跟单员完成。如果公司没有跟单员，则必须由业务人员承担相关工作。

九、提供海运单据

一般来说，这个环节需要提供合同、发票、装箱单、提单，有些客户还会要求提供原产地证明。

十、收全款

收全款是个技术活。如果企业按照进度生产，那么按照款到发货的原则，一般要在货做好后 3 ～ 7 天提醒客户支付全款。因为从客户打款到钱入账至少需要 2 ～ 3 天的时间，所以业务人员需要对订单的执行过程比较清楚。用信用证和赊销方式收款的不在讨论范围内。

十一、报关、发货

现在的报关流程跟以前比起来简化了很多，已经实现了无纸化通关和“查检合一”。所以，这个环节只需要按照要求填几个电子表格即可。

十二、售后跟进

这时，销售才真正开始。如果你不想跟你的国外客户只合作一次，那么有必要进行售后跟进，获取客户的反馈，确定产品和服务的销售情况，知道如何改进，让客户不断复购。当产品差异不大时，最重要的比拼内容就是服务。

第二节｜外贸商务信函写作

对于外贸业务员来说，跟客户面对面沟通的机会其实并不多，无论我们出国还是客户到中国来，大部分合作要求是通过“笔谈”商定的。可以说我们和大部分客户是“笔友”。

一、文体介绍

根据目的和效果，外贸商务信函一般分为以下几种。

（一）主动开发信

这种信函用于介绍自己是干什么的，属于“搭讪”文体。这种文体特别适合那些没有多少钱做推广，需要业务人员自己去找客户的情况。找到客户信息了怎么办？当然是写主动开发信，让客户知道，在地球的某个角落有哪个公司能为他提供哪种产品或者服务；这个公司凭什么提供、有何种实力。最重要的是看到你的开发信后，客户能有反应，哪怕回信说，“你的产品我用不上”，至少这给了你跟客户辩论的机会。其实客户是有需求的，只不过他自己没想到。

（二）询盘回复

这种信函对于大多数外贸业务员来说是福音。这种文体一般是那些有钱做推广的企业的业务员使用的主要文体。客户在企业的官网或者推广网站上，看到了某种产品或者服务，写信来咨询他感兴趣的方面。

只要业务员不是太另类，一般都会“投其所好”，回答客户的问题。客户能来信咨询，说明在某个方面已经对产品有一定意向，回复这类邮件要在解答客户问题的同时强化客户的意向。这相当于你的男（女）神告诉你，他（她）对你某方面有好感或者感兴趣，此时，你还不知道该怎么表现吗？

（三）价格谈判信函

对于外贸业务员来说，谈判价格的信函是最难写的。如何以合理的价格把产品或者服务卖出去是关键。其实谈价格最高明的方法是谈产品或者服务的价值，要能够体现产品的生产工艺有什么不同，或者产品的使用场景能对使用者产生哪些效用，这种效用在使用者使用时对旁观者的内心有什么影响。一个高明的业务员能够把企业产品或者服务的价值谈清楚，能够做到“不销而销”，他不谈产品本身，而谈在使用产品的过程中，使用者有什么感受，旁观者有哪些内心波动，这种内心波动会以什么方式反过来刺激产品的使用者，加强使用者的内心感受。另外，对于客户（可能不是使用者）的利益诉求，外贸业务员及其所代表的企业是怎么帮他实现的？能实现到什么程度？为什么相较于其他供应商，外贸业务员及其所在企业能够做得更好，好在哪里？

（四）催单信函

催单是有技巧的，要巧妙地告诉客户，对于他来说，现在是购买产品的最佳时机。这样做的前提是对客户的采购习惯和传统有一定了解，最重要的是能够从成本和收益几个方面帮客户分析，什么时候采购对客户最有利。你需要问自己几个问题：你是否了解客户的采购周期？

是否明白客户的营利模式？客户所采购的产品是否具有季节特点？企业的生产周期与客户的采购周期是否存在交汇的时间点？企业的生产周期如果跟客户的采购周期有冲突，那么如何避开？谁来帮客户把握采购时机？

（五）投诉反馈

客户来投诉说明愿意给你改正的机会。最怕的是，一个样单结束，客户从此消失在人海。客户来投诉说明客户只是对产品或者服务的某个方面不满，不至于对所有方面都不满（概率比较低）。

（六）合同

制作合同是一个细活，条款需要逐条跟客户确定，这很考验业务员的专业水平和细致程度。尤其要注意的是，合同跟收款直接相关，所以，产品的价格、产品技术条款（确定质量的标准）很关键，最重要的是付款方式。另外，对于权利的限定，一定要注意“软条款”，不要掉到“坑”里。

（七）商讨代理权的信函

当写这种信函时，你跟客户已经不仅是买卖关系，而是比较紧密的合作关系了，至少你们在使用同一个品牌。当客户愿意以你的品牌去做推广时，对于你来说，是名利双收的好事。此时，可以通过这个客户吸引更多地区的潜在客户。

（八）长期合作协议

长期合作协议是高级外贸业务员使用的文体。写好了这类信函，以后几年的订单都有着落了。

二、行文要点

下面，我们正式讨论外贸信函的写作要点。

（一）外贸商务信函的标准格式

1. 首句

首句应礼貌地引入主题。

2. 正文

（1）引出正文。

（2）分析需求。

（3）提炼卖点（一般为3段）。

（4）总结意向。

3. 结束语

礼貌收尾可深化主题。

（二）开发信

1. 格式

（1）开发信正文的首句要介绍我们是谁、我们是做什么的。

（2）我们想在某个方面开展合作，我们的独家优势是什么。

（3）我们期待您的快速答复。

（4）礼貌的结束语。

2. 写作方法

（1）首句

简短地介绍自己是怎么认识客户的，写信的目的是什么。

例如：We get your contact information from yahoo（or google）. We find that your company is very professional in ×××. We have the pleasure of introducing us to you with the hope that we may have an opportunity of cooperating with you in ×××.

（2）正文

表明身份，介绍自己所在公司具体属于什么行业，有哪些产品想跟客户合作。

例如：We are one of the manufacturer in ×××. After view your website, we want to suggest 3 model products to you. Please view our photos，if any of the items fit your requirements or be of interest to you，please let us know. We shall be glad to give you our best quotations upon receipt of your detailed requirements.

（3）结束语

礼貌地用一句话结束叙述。

例如：Your prompt reply would be greatly（highly）appreciated.

（三）询盘回复

1. 格式

询盘回复邮件的首句，要礼貌地介绍自己回复的是某月某日关于什么产品或者事件的邮件。之后，阐述你关于此事的看法和建议，最后，礼貌结束回复。

2. 写作方法

（1）首句

提醒客户你回复的是他的哪封邮件。

例如：Thanks for your kind mail on ××× （when）for ×××.

We welcome your enquiry of ××× and thank you for your interest.

（2）正文

询盘正文要展示产品的独家卖点或者企业的独特之处，让客户对你们公司印象深刻。如果你有知名的老客户，那么让新客户知道你能服务什么层次的客户，企业处于什么阶层。

例　如：Working and growing together with customers are our culture. As a professional manufacturer，making sure that our quality and our price give you an edge over your competitors is our aim. It is my pleasure to introduce our company in advance. We are production manufacturer in China. We support OEM and ODM service for European and American market from some famous company such as AAA and BBB. We have ISO and CE certification.

（3）结束语

询盘结束语一般用来描绘：如果客户跟你合作，则前景如何美好。

例如：If we can give you any further help，please feel free to let us know （tell us）. Customers' requirements always meet with our careful attention.

Well begun is half done. We hope that from now on we shall enjoy business relations profitable to both of us.（此结尾适用于样品或者试单客户非常满意的情况。）

3. 回复询盘的技巧

（1）一句话询盘

顾名思义，就是询盘只有一句话。

例 1：Hi ×××，what is the price for this machine and how long will delivery take to Australia? Thanks.

例 2：Hello，I am interested in your product. Please send me the price list of all products.

遇到这类询盘，你要思考以下几个问题。

① 询盘客户所在的公司是什么类型的？

很明显，以上询盘属于非常没有诚意的询盘。一个专业公司的人员是不会这么给意向供应商写信的。

② 这个客户是什么身份？

客户是董事长、总经理等高层管理人员，还是普通职员？

③ 客户有无特定诉求？

在以上询盘中，没有特定的产品、特定的要求。例 2 中的客户需要你们公司所有产品的价格表，为什么？凭什么？

④ 意图何在？

客户发送这样的询盘是为企业战略发展找合作伙伴还是收集信息？

⑤ 客户是否能尽快与你合作？

有特定需求、有确切合作意向的客户，会跟你提具体的产品要求、订购数量、交货期，而不是跟你要全部产品的价格。

真正的客户不会这么不负责任地写邮件。所以，此类询盘不是同行套价格，就是一些国外的贸易公司在收集信息。对于这类询盘，我们不要太当回事。我给大家介绍一个对付此类邮件的“八股文”。

第一句话对来信表示感谢，正文介绍自己是谁、什么职位、来自什么公司、提供什么产品或者服务。表明你很感谢他对你公司的产品感兴趣，附上你公司所有产品的电子目录供他挑选。结尾写上：“If you have any requirement or question，please feel free to contact with me.”最后写上问候句加签名，把自己的所有联系方式都罗列清楚。

（2）有特定产品要求的询盘

在这种询盘中，客户会提出特定需求或者具体问题。发送这种询盘的客户的意向已经比较明确了。

例 3：

Please send me the quotation FOB port China of 1 set belt conveyor that 150cm wide by 66m long for loading ships capacity 2 000 tons products of coal-ironore per hour complete with moving equipment supports and wheels. Please also advise delivery time， condition of payment and how many containers.

Best regards,

×××

看完邮件后，我们思考几个问题：

① 客户有无明确的产品要求？

② 客户提到跟合作密切相关的商务问题了吗？比如价格、交货期、付款方式。

③ 从这些能否判断客户是否有项目，而你手中的产品是否符合他的需求？

④ 如果你判断客户有确定的项目，请问你对客户的项目感兴趣吗？你是否觉得客户提到的产品符合他的项目需求，你手里是否有更好的产品，为什么？

询盘回复示例：

Dear ××，

Nice day. Glad to receive your inquiry. Thanks for your interest. About the conveyor，you need mobile belt conveyor，right? Thanks. Your prompt reply is appreciated.

这个回复是比较失败的，如果我是客户，那么我可能不会理睬。我从事外贸培训多年，看到太多询盘被这样随意回复，每次都很痛心。回复询盘最起码要做到客户问什么你答什么，绝对不能答非所问。高明的业务员在回复具体问题时还会问一些新问题，加深客户的意向。

我们具体来分析一下回复询盘的要点。

① 如果公司有客户想要的产品，那么按照客户要求报价；如果没有，那么查看公司有无相近的产品，报不了价的话，至少提供目录。

② 告诉客户供货期一般是多长时间，有特殊要求的产品一般需要多长时间制作样机或者样品。

③ 告诉客户一般公司的标准装箱量是多少，客户要求的大致装箱量是多少。

总之，在询盘回复中要先回答客户的问题，然后发散式地了解客户要该产品的目的，根据客户的市场需求进一步提供产品、服务、市场支持。

（3）有具体产品要求和详细自我介绍的询盘

这种询盘通常比较优质，客户有比较明确的需求，而且会尽可能详细地介绍公司、自己的职位以及详细的联系方式，唯恐你不知道他的身份和如何联系他。

例 4：

Hello，thank you for sending email to me. I like this tire changer and tire changer model 112.

I am sorry that all the pictures you sent me below tire changer 112 can't come out, there is only the information about them.

There are a lot of people selling tire changers on eBay for a very low price. Some are between 400 to 700 dollars for ones that look like the tire changer 112.

I am dealing with you at the factory and hoping to get a very low price, so I can not only use your tire changer but also sell some on eBay or to local auto shops， and beat their prices.

If possible I would like the tire changer shipped to Baltimore Maryland or Washington DC which ever one is better for you.

I hope you have a very nice holiday.

Thank you.

ABC

President

这是一封业务员发送开发信后，客户回复的邮件。回复之前，我们应回答几个问题：

① 能确认客户身份吗?

② 客户要什么产品?

③ 他来自哪里?

④ 客户意向价格区间是多少?

⑤ 他写这封信的意图是什么？他想在 eBay 销售吗？你能确定他的销售市场和客户群吗?

⑥ 根据他的销售意图，你觉得他所要的产品是否能满足他想达到的市场效果？为什么?

当仔细分析了客户的邮件，脑海浮现的所有问题都有了确定答案后，我应该怎么下笔？怎么才能让自己的邮件打动客户？

第一步：立意。

要立意，先破题。你不仅要迎合客户的需求，还要针对他的战略意图进行引导式销售，提供超出他想象的服务。

第二步：行文的原则。

① Avoid wordiness（避免废话）；

② Write clearly and to the point（目的明确）；

③ Be courteous and consideration（为客户着想，站在他的角度看问题）。

第三步：排版精美。

文章层次要分明，使用图片以及数据。突出重点段落或者内容，写清段落序号，一段讲述一件事，层次清晰，开头和结尾使用商务礼貌用语。

回复建议一：

Dear Mr ABC,

Thanks for your kind mail on ××（date）for our tire changer 112. I am so glad that you are interested in it，they are really good machine . I am sorry that you do not get picture about them，so please view photos for 112 which attached with this mail . As the price，we can support the 112 at USD。I am glad to hear that you want to make business at eBay website，as I know that it is for personal business. Do you want to support machine for the USA family? If you want to do business in this way，I have some suggestions for you. I think the 112 is not enough，because they just can deal with 12 inch ~ 22 inch tire. I have some machines which can deal with tire from 8 inch ~ 24 inch tire, please view photos of them. I think you will like them, please view the shipment charge.

Best regards.

回复建议二:

Dear Mr ABC,

Thanks for your kind mail on ×× (date), I have some ideas for you as below.

1. Please view the photo 1 and 2 for 112, there are technology data with them.

2. please tell me the reasonable price for 112 to you.

3. Please view the shipment charge.

××× USD to your port, ××× USD for door to door, please. Choose which way is better for you.

4. I find that you want to make business at eBay website. As I know that eBay is for personal customer, so I think you want to support machines for USA end customer directly, am I right?

If I am right, I think you will have good market share for this sales way. And I have some suggestions which will be good for you.

1. I think the 112 is not good enough for USA family directly. It just can deal with 12 inch ~ 22 inch tire.

2. As we know, family vehicle have different types: small car, hatchback, saloon, estate, convertible, sports car, people carrier, four wheel drive, limousine.

We have some new machines which can deal with 8 inch ~ 24 inch tire, even the 26 inch tire. So you can deal with not only auto tire, but also motorcycle tire，please view the photo 3 ～ 6.

3. If you want to support the machine to end customer directly，I think we'd better help you to build a good after service system. So we can give you the good police as below：

（1）...

（2）...

（3）...

If you have any other requirements or ideas，please feel free to inform us.

I wish we can help you to get a good market share in USA market .

Best regards.

如果你是客户，你会喜欢哪种询盘回复？为什么？我们除了“投其所好”，能不能“物超所值”地从客户营利模式的角度为客户提一些建议、推荐一些新的产品？

4. 询盘写作要点

（1）要有写情书的心态

为什么这么说？因为谈客户跟谈恋爱在很多方面是一样的。你追求的对象不一定喜欢你，你紧盯的客户也不一定喜欢你们企业，你必须写出打动人心的情书才能打动你追求的男神或者女神，同理，外贸业务员必须写出打动客户的邮件，客户才会心甘情愿地下单。如果你写的邮件都是干巴巴的商务套路，能打动人心吗？你必须站在客户的立场，帮他（她）分析利弊。

以上讲的是内容，现在谈谈邮件的形式。邮件本身的排版也得讲究美观。虽然你很真诚，分析得也很好，但是如果排版不好看，客户买账吗？人只有在写情书的时候才会既考虑内容，又考虑形式。

（2）要多种形式综合运用

在这个信息技术快速发展的时代，你的邮件里只有文字吗？有无图片和视频？为了形象、直观地让客户了解你的产品和服务，你要在邮件中将文字、视频按照某种逻辑综合运用，并力求达到最佳的视觉效果。

（四）谈价格的信函

1. 谈价格的文章类型

我们降价的理由一般是客户的单次或全年订购量非常可观，工厂遇到“真爱”，有必要给“真爱”一些高级待遇。不降价的原因主要是客户的订单量不动人，或者客户给出的价格已经基本逼近底线。

2. 谈价格的要点

关于价格，争论的焦点其实就是卖方要求订单量，买方要求控制品质和成本。所以围绕价格的讨论基本就是围绕买卖双方关注点的讨论。

（1）分析成本

适用于比较厚道，而且合作时间比较长的客户。

It is the best possible price if you take the quality into consideration. Our quality control are strict as below:

…

We find that it is too hard to comply with your request, because our price is the best price, please check cost details as below:

…

As professional manufacturer in ××× market, our price never out of line with the prevailing market level. We may discuss some details as below:

product cost（material cost，production cost and domestic transport in China, sea shipment cost, custom charge and clear custom cost and retail price）. We' ll try our best to make sure you will get reasonable profit .

告诉客户产品的成本构成，表明价格再低，品质就没办法保证了。

（2）表明量大价优

告诉客户，想要好价格，就要增加订单量。

We can give you ××% discount if your whole year order quantity is ××.

如果订单量够大,而且订单比较稳定,那么给客户一些折扣是可以的。

（3）提供新客户优惠

为了激励新客户,在合作之初,要给予其一点优惠,但是幅度不要太大。

In order to start a concrete transaction between us，we take pleasure in making you a special offer.

3. 好价格的英文表述

（1）base price = basic price（基价、底价）

（2）bedrock price = bottom price = floor price（最低价）

（3）cost price（成本价）

（4）exceptional price = special price（特价）

（5）fair price（合理价格）

（6）favourable price（优惠价格）

（7）keen price = low price（低价）

（五）催单信函

顾名思义，催单信函就是让客户赶紧买单的信函。我们必须站在客户的角度去告诉他们，马上下单对他们是最有利的。怎么表述呢？帮客户权衡利弊，表明以下要点。

（1）给客户限定时间，告诉他过时不候。

This offer must be withdrawn if not accepted within five days .

（2）提示客户成本很快要上涨，价格也会升高。

In order to help you get product with reasonable price，I have to inform you that the material price will rise and the RMB exchange rate will rise，too.

（3）告知客户，如果你还不买，我就要先安排其他客户的订单了。这种措辞一般适用于老客户。

As you know，our production ability for this product is ××× unit a month. If you can not confirm the order in this week，I have to make production schedule for other customers，your order will be put off in next month.

总之，催单邮件的核心是“威逼利诱”。告诉客户不赶紧下单会有什么坏处，比如价格不同、汇率不同、订单排不上（必须有自信才能说，不然客户可能直接换供应商）；马上下单会有什么好处，比如促销折扣、海运成本低等。

（六）处理投诉的信函

遇到投诉，处理方式一般只有两种：有处理权限的做法和没有处理权限的做法。

1. 没有处理权限的答复方式

Upon receipt of your complaint，we give this matter our immediate attention, and our management team will think it over. I will inform you our decision as soon as possible.

We think highly of our cooperation, so I did report your complaint to our management team. Please be patient and I will go back to you soon.

告知客户，你已经在最短时间内将投诉反馈给管理层，并会尽快把结果告诉他。

2. 有处理权限的答复方式

I read your email carefully. Please support some photos or documents to let us know the issue (matter). If it is our fault, then you can most certainly rely on us to replace ×× (or return your money).

In the spirit of goodwill and friendship, we agree to accept your claim terms.

请客户提供相关证据。告知客户，经调查，若确实是工厂的问题，则工厂会做哪些补偿措施（你能承诺的，要在最短时间内确定）。

（七）商讨代理权的信函

如果能用到这类文体，恭喜你，说明贵公司的产品相当好卖。使用这种文体的原因要么是该产品卖得非常好，客户怕有人跟他们抢，需要代理权来保护自己；要么是你想激励原来的客户更上一层楼。

Because of the steady increase in demand for ××× product, we have decided to appoint an agent to handle our export trade with your country / product marketing in your country.

You are kindly informed that we have decided to entrust you with the sole agency for ××× product in the territory of …

此类信函的要点是确定数量、价格、销售区域、年限、产品的技术要点。在特定销售区域内，如果销售额没达到约定的金额，那么本协议自动取消；如果销售额达到约定的金额，那么自动续约，并明确续约年限。

（八）制作合同、协议的信函

简言之，此类信函要确定双方合作的责权。

1. 表明合同是在双方友好协商后自愿签订的

This contract is entered into between the parties concerned on the basis of equality and mutual benefit to develop business on terms and conditions agreed upon as follows:

…

The undersigned representatives of party A and party B have to agree to conclude this contract according to the terms and conditions stipulated below:

…

2. 合同要点

（1）commodity（具体产品、型号）

（2）price（价格）

如果是协议，则要注意协议年限内的订购量，这与价格是挂钩的。

（3）time of shipment（起运时间）

（4）port of shipment（起运港，即货是从哪个港口发出的）

（5）port of destination （目的港，即货要运到哪个港口）

（6）term of payment（付款方式）

这是最重要的条款，决定了你是否能收到钱、何时收到钱。

（7）guarantee of quality（质保条款）

这涉及企业信誉，一定要根据实力制定。

（8）technical service（技术服务）

这个专业性比较强，建议让技术部门的人一起来谈，不能随便承诺。

（9）defective product （缺陷产品）

双方要定义什么是合格产品、什么是缺陷产品。

（10）product recalls and returns（产品召回和退货）

双方一定要协商好在什么情况下，产品需要召回和替换。

（11）confidentiality（保密条款）

双方一定要约定好保密条款。

（12）force majeure clause（不可抗力条款）

这一点很容易被忽略，一定要约定好哪些情况可以免责。

（九）如何解决客户不回信的问题

我们在上面讲了很多商务文体的写作方法，但是客户不回信怎么办？

1. 客户因素

（1）客户不在工作状态

国外客户的假期非常多，所以需要业务员对各国的假期有一定的了解。以欧美国家为例：

① 德国 7 月、8 月、9 月轮休；

② 法国自7月最后一周至8月底放假；

③ 意大利自8月1日至9月3日放假；

④ 波兰自7月初至9月底放假；

⑤ 比利时自7月中旬至8月初放假。

所以，每年的7月至9月，欧美客户可能不会回复你的邮件。此时，请不要太着急，他们很有可能休假去了。

（2）要求没有得到满足

客户在工作状态下不回复你，原因除了博弈期在等你先松口外，就是你没有解决客户的问题。在这个供大于求的时代，如果你不能很好地服务客户，则会有很多人替你服务他。

2. 竞争对手抢单

（1）硬实力：产品、服务、固定资产、资金

说白了，就是竞争对手企业的实力高过你们企业的，能提供很多你们提供不了的条件。

（2）软实力：研发能力、企业文化、体系

竞争对手企业的业务员的综合实力更强。

3. 自身因素

（1）你的产品或服务是否满足客户的心理需要？除了分析客户的企业需求，你还要分析客户的心理需要，我在后面的章节会详细讲解。

（2）你是否全面展示企业实力？你们企业是否还有你没有展示的优势？

（3）你们企业的产品或者服务的独家卖点（unique sales point），你是否说明白了？

（4）你的文笔如何？你的外贸信函行文能力也是非常关键的。你不仅要文笔好，还得会排版，让你的信函看起来“好看”。

第三节 | 商务口语

一、应用场景

对于外贸业务员来说，跟客户面对面沟通的机会虽然不多，但也并非完全没有。有很多场景，外贸口语都有用武之地。

（一）展会

前面已经讲了，参加展会是非常好的推广手段。参加展会也是面对面跟客户交谈的好机会，你可以在最短的时间内让客户喜欢你的产品，你也可以在最短的时间内知道客户的反馈。所以展会的时效性非常强。那么，问题来了，展会考验的是什么能力？你的口语能力。你能否把产品性能、公司实力和优势讲明白？能否应对客户的各种问题？展会的实质就是展示产品，所以对于相关产品的各项说明，你必须能用一门外语讲清楚，能够详细解答各种参数和数据。在某种意义上，展会需要你具备销售工程师的素养。

（二）验厂

欧美客户，特别是德国客户，基本没有不验厂就下订单的。来验厂的国外客户绝对不是几顿饭就能打发的，他们会按照质量体系的某个标准，严格查验你们公司的质量管理体系，尤其是现场管理、车间、工装、工位、关键质控点……这个时候，需要外贸业务人员化身质量管理工程师，对企业的质量管理体系非常熟悉，而不是客户一问问题就必须找某个工程师或者老板。所以，如果你对企业内部质量管理体系没概念，在客户来之前，你就要做足准备工作，然后想象一下自己能不能用外语把企业情况好好解说一遍，如果不能，则请好好练习。

（三）到国外拜访客户

企业愿意花钱（国际机票、国外的衣食住行都很贵，尤其是在欧美地区吃中餐，绝对是奢侈的）让你出国拜访客户，一定是希望获得效益。在出国之前，你要考虑好你的目的是什么？谈多大的订单、完成怎样的项目？怎么跟客户谈？需要谈哪些内容？为什么你们公司是客户的最佳选择？客户不认可你的说辞怎么办？有无应急措施与预案？你是否具备用外语“舌战群儒”的水平？你是否有应对突发情况的能力？多做一些准备，多练习一下你的口语。这不仅是为了跟客户谈判，而且是为了搞定你在国外的衣食住行。

二、常用口语

我们以商务英语为例，其具体应用场景如下。

（一）接送客户

接机的时候，你应该制作一个名牌（nameplate），让客户知道你是接他的人。例如制作“Warm welcome to Mr.（Mrs. Ms.）× × from × ×（company name），× ×（country），× × flight number”（欢迎坐

× × 航班、来自 × × 国家、× × 公司的 × × ）。

（二）自我介绍

Nice to meet you，I am（my name is）× ×，global marketing director of × ×（company name）. I will in charge of your audit（visit）during × ×，this is my name card.

告诉客户你是谁、在什么公司、职位是什么。最后写上“这是我的名片”，意思是记不住我的自我介绍没关系，请拿着我的名片。

你可以询问客户：“May I help you take the luggage？”（我可以帮您拿行李吗？）如果客户让你拿，那么你赶紧出力气；如果客户说“No，thanks”（不，谢谢），尤其是欧美客户，那么请千万不要认为他在客气，他是真的不让你拿，他的潜台词是“Do not touch it”（不要碰它）。

（三）如何避免“垃圾时间”的尴尬

接送客户时，机场与公司或者酒店之间有半个小时或者更长时间的路程，这段时间我们称为“垃圾时间”。如果客户长途跋涉很累，直接睡了，那么是最好的情况，你不用说什么，让客户休息即可；如果客户没休息，或者几个人自己在聊天，你怎么做？很多时候，外贸业务员一言不发，内心活动可以用两句话来形容：

I love you more than I can say，so I have nothing to say .（我对你的“爱”无法用语言表达，所以我没什么要说的。）

Action speak louder than words，so I have no words .（行动胜于雄辩，所以我没什么要说的。）

沉默很容易导致尴尬，所以这时你最好做点什么、说点什么，比如可以从客户那里套点信息。

例如，“Excuse me，Mr（Ms）××，how many times have you been in China（Is this the first time you come to china？）”［Mr（Ms）××，您来过中国几次？（这是您第一次来中国吗？）］如果你的客户说这是他第一次来中国，那么你可能是客户的本土启蒙供应商。如果客户说他来过中国很多次了，那么下面问什么？当然是问他来中国几次、去了哪些城市、哪些城市给他留下深刻印象。如果你对产业分布比较了解，你就知道客户去的城市有没有你的竞争对手。如果客户来过中国3个以上城市，则说明客户是“老司机”级别，要引起重视了。那么下面聊什么呢？可以问一下客户“Which city do you have nice memory？”（哪个城市给您留下了美好的印象？）客户一般会谈谈城市见闻。你如果对本行业情况比较了解，就知道客户去的城市有没有厉害的同行，同时了解客户对中国的熟悉程度，进而了解客户的性格和喜好。这需要业务人员有一定的生活品位（会玩），跟客户“相谈甚欢”。聊爱好这种比较中性的话题，既可以体现你的亲和力，也不会让客户觉得你跟他仅仅是赤裸裸的“买卖关系”，关键是你可以旁敲侧击地了解客户。如果你是个工作狂，根本不会玩，那么聊什么？聊吃。中国有如此多的美食，问问客户去了哪些城市、吃了哪些美食，这些对于客户来说，谈不上什么隐私。正好通过这个话题，我们可以引起下面重要的话题——客户的接风宴吃什么。

（四）吃饭

不同国家的习俗不同，所以陪客户吃饭不是那么简单的事。首先要问客户什么是他们不吃的。中国的美食太多，别说老外，就连中国人自己都很难抉择。

其次，预先了解一些国家客户的喜欢。

（1）德国和北欧：啤酒（最好是青岛啤酒或雪花啤酒）。

（2）俄罗斯：啤酒，白酒更好。

（3）欧洲沿海国家，如英国、荷兰：海产品，其余国家的客户以肉食为主。

（4）亚洲国家，尤其是东亚、东南亚国家：除了语言不同，饮食与中国类似。

再次，确定客户吃中餐还是其他国家的餐。如果吃中餐，那么一般来说客户都想尝尝本地特色。我建议除非饭馆有中英文写的菜单并且有配图，否则不要让客户点餐。不然尴尬的事情就会出现：菜单是中文的，服务员和你都不知道用外语怎么解释那道菜，而客户兴致勃勃地等着你给他讲解。

最后，由你来点餐，荤素搭配合理即可。关键是重要的菜品你一定要讲出故事来，比如东坡肉，吃起来毫无新奇，但这是苏东坡——宋代大诗人发明的美食，卖点就不一般了。同理，毛氏红烧肉这道菜更不得了，这是毛主席喜欢吃的，这一句介绍，就顶得上千言万语，客户听了就想尝尝。吃饭绝对不是为了果腹。为了给客户的中国之行增添美好回忆，在吃饭这个环节，我们有太多的素材可以利用了。

那么喝呢？喝酒还是喝饮料？我们提供酒水即可，但是如果客户要品尝中国的酒呢？我曾经遇到一个俄罗斯客户，他要喝烈酒，我只好推荐“中国最好的伏特加”——二锅头，效果甚好。酒文化是中国的特色，我的建议是大多数情况下浅尝辄止即可，我遇到的国外客户都是如此，喝酒比较随意，无须劝酒。对于酒量不好的我来说，陪国外客户吃饭无比轻松。我一般等菜上齐了，跟客户敬一杯酒，表示欢迎；菜过五味，再敬一次，提升气氛；酒宴结束前，敬一杯，再次表示欢迎和祝福。我酒量不好，绝对“事不过三”。酒量好或者比较有自信的，可以酌情喝得更奔放一些。

（五）安排住宿

安排住宿的要点是：

（1）Book single or double room（usually，single room）［预订单人或双人房间（通常是单人房间）］。帮助客户办理入住手续，帮客户确定房型，把行李送到房间外，然后安静地离开。

（2）Wake up service（叫醒服务）。如果第二天去工厂参观，或者客户要赶飞机，那么，你要提前帮客户安排好酒店叫醒服务，免得误时。

（3）Breakfast time（早餐时间）。一般来说，业务员陪客户吃正餐，但是早餐基本是客户自己吃，所以业务员要帮客户确定早餐在哪里吃、几点吃。

（4）Fitness facilities（健身房）。酒店有无健身场所、在几楼，帮客户确定服务时间和楼层。告知客户，让客户在工作之余可以有放松的空间和时间。

安排住宿是一个系统工程，要点就是让客户休息好、心情好，不要为衣食住行操心，在最好的状态跟你谈判。所以，安排住宿绝对不是把客户送到酒店就完事，有很多细节需要你安排到位。

（六）参观或者审计

1. visitor route（参观的路线）

业务员应该仔细安排参观路线。试想，客户从万里之外来工厂参观，你自己安排场地，以逸待劳，在这样的情况下你都不能取得全胜，怪谁？工厂有些地方可以供人参观，有些核心工艺和专利不方便让人看，不提前安排好参观路线（被世界500强客户审计除外，需要提前沟通好，一般来说很难有什么地方是不被审计的），一旦参观开始，你说这不能看，那不能看，就会很影响客户的情绪。最好是由你安排参观路线、解说，那些不让看的，干脆在参观路线中就直接回避。如果打仗的时候由你来确定战场，由你来确定战线，由你来确定攻击时间，那么这个仗难打吗？

2. meeting room（会议室）

一般来说，客户到了你们公司，需要有一个供双方交流或者谈判的场所，你希望是什么样的？是温馨还是肃杀？除了必要的办公桌椅，还应该有什么？可以在办公桌上摆放小幅的中外国旗插件；除了办公文具外，可以放置一些茶点饮料；如果有需要，则可放置背投放映机，以便放映讲解公司或者产品的PPT。会议的时间和议程最好由你安排，不要把主动权交给客户，以免他说谈什么我们就安排什么人去配合。

另外，还需要考虑几个问题：

（1）办公桌是呈环形放置还是呈条形放置？

（2）在谈判前，你心里有谱吗？

（3）作为业务人员，你自己是否能够搞定客户，还是权限不够，需要公司领导出面？是提前预约公司领导的时间，还是按照客户的吩咐来“命令”公司领导参与谈判？

（4）打算签订合同还是协议？大致内容是什么？

（5）客户来到这里，我们需要为客户提供什么？

（6）我们进行了这么多准备工作，希望达到什么效果？如果谈判过程不如预想，那么我们是否有预案？预案无效，我们的底线要求是什么？例如给客户留下一个好印象，以便未来再合作。

3. show room（展厅）

展厅是公司的门面。这里就不谈美观方面的事情了，主要谈谈让客户参观展厅的目的。

（1）必须展示客户要的产品

能否现场演示一下产品，在几分钟内让客户对产品的功效与性能有一个比较直观的认识？比如产品好用、好看、好玩吗？好玩对于善于打破常规的人来说非常重要，甚至比产品的功效还要重要，或者说好玩本身就是很多人追求的一种功效。这需要我们设计解说词。干巴巴地把产品的功能像背书一样，都倒进客户的耳朵是不行的，要设计某种使用场景，把产品功能嵌进去，让客户感觉要过舒适的生活必须使用这种产品，这种产品是生活的一部分。我们是背诵数据还是传递感觉？哪一种方式让客户更容易理解，更利于传播？展厅是摄影棚，高明的导演和演员可以通过简单的场景模拟出任何时代、任何地点的任何场景。

（2）展示客户目前不需要的产品

谁能确定这些产品客户在未来不需要？谁能确定客户要的产品就是适合他的？有没有更适合客户市场的更好的产品？如何证明这个产品对客户来说，在未来的销量会更好？

（3）展示公司

展示公司创始人；展示公司从建立到现在的各种奋斗历程；展示公司的各种成就和大事记；为什么创始人要创造这个公司；公司的宗旨、愿景是什么；公司的社会价值大不大；公司的价值观与客户所在公司的价值观是契合的还是冲突的。

客户听到公司的这些历程和故事，对公司、对公司创始人和目前的管理者会有直观印象。如果同行也能提供类似产品，他们的故事跟你所在的公司一样吗？也能对客户提供相同的冲击吗？除了产品竞争，公司与公司之间也有几个维度的竞争，表明我们公司跟同行不一样非常重要。如果没有灵感，那么你去国内的手机卖场看看。

4. production line（生产线）

展厅里的产品看起来非常不错，但是怎么保证生产出来的所有产品都如展厅内的“样品”一样好呢？只有生产线能保证量产产品品质。客户看生产线都看什么？外行看热闹，内行看门道。仅看到生产线很多，工人热火朝天的工作场面，就认为工厂不错的客户有没有？有，但是不远万里来中国看热闹的客户多不多？不多。欧美客户很多是带着工程师来的，他们会看什么？看有几条生产线；每条生产线有几个工段；有无作业指导书、岗位操作说明；有无批次记录；是否严格按照操作说明作业；生产线的工人是什么工作面貌，是热情洋溢的还是面露愁容；每个工段的衔接如何；每个工段是按何种标准接受上个工段的半成品的；设备状态正常吗；设备维修和保养有专人负责吗；多久进行一次维护，标准是什么；设备如果出现问题，在多短的时间内能够修复；在设备停机状态下，是有备用方案还是集体放假；从业人员是否受过专业培训，每年进行几次培训，如何评级；生产线管理人员的学历、工作经验、管理条例等相关准则是否上墙；对于车间，有无温度、湿度、洁净度的要求，通过什么测试和保障。

一个业务员如果对 ISO 质量管理体系有所了解，就能根据客户参观的要点来判断客户在行业内的水平，知道应该如何对其进行服务。

5. test room（测试室）

产品好不好，最终通过什么方式来判定？首先是测试人员。企业的质量评估（QA）、质量控制（QC）人员有多少人，是什么学历、什么资质、什么工作年限和工作经验。其次是检具。检具多久做一次校准；谁来校准；是由工厂自己校准还是由第三方权威机构校准；测试标准是什么，根据哪个行业标准制定的；测试档案是否归档；测试记录如何查验；每个批次的产品是全检还是抽检；如果产品大面积不合格，那么残次品和批量产品如何处理；处理记录是否归档、如何查验。

6. sample room（留样室）

每批产品是否都有留样？留样数量是多少？是否具有代表性？留样保留多久？超出时效后如何处理？一旦有客户投诉某批次产品，在留样室的留样是否能提供批次检验依据？

对于外贸业务员来说，辅助客户验厂属于以逸待劳，提前规划非常重要。拿破仑说过一句话；我的军队之所以打胜仗，是因为我总比敌人早到 5 分钟。验厂就是你的主场，你能安排好吗？

第四节 | 客户角色分析

为了把握外贸角色，需要业务员站在客户的角度，从以下几个方面深入思考。

一、企业所在国家

外贸业务员面对世界上这么多国家的客户，需要不同的演艺方法，但是其中有一些规律。

我将全球客户根据国家分为三大流派。

（一）“金融流”

“金融流”的代表国家是美国。金融业是美国的支柱产业之一，美国的经济能够左右世界经济走向，美元是世界流通货币。所以，和美国人做生意最重要的就是效率。美国是适合挣快钱的地方。

（二）“实业流”

“实业流”的代表国家是德国、日本。这些国家的企业找供应商的目的是代工，我从业十几年，从来没遇到过不验厂的德国客户。所以，如果你们公司的质量管理体系过硬，是踏实肯干的实业工厂，那么你们征服这类国家的企业将非常有优势。

（三）“贸易流”

这个流派比较庞大，可细分出几个支流。

1.“贵族流”

“贵族流”以北欧国家为代表。这些国家的企业要求产品品质过硬，价格不是问题。北欧国家是高福利国家，跟这些国家的客户谈生意，你要会生活，你所展现的生活品位将为你的谈判结果加分。根据我的经验，北欧客户的生意不是谈出来的，是“玩”出来的。

2.“土豪流”

“土豪流”代表地区是中东。跟中东地区的客户谈判，你会困惑：为什么这个富得流油的地方的人，那么爱砍价？

如果稍微了解一些世界史，你就会发现，中东人一直是丝绸之路上的“中间商”。中国的货物基本都是通过这个“中间商”运到欧洲的。虽然他们一直阔绰，以前靠收过路费，现在靠卖石油生活，但是这都改变不了他们作为“中间商”的特性。

3.“草根流”

而对“草根流”的客户，你就要做好价格谈判的准备。往往你还没有报价，有一些客户就说：“Your price is too high！”

二、企业规模

为了便于理解，我把国外企业根据规模分为三个层次，即大型企业、中型企业、小型企业。那么，不同规模的企业的营利模式有什么不同呢?

（一）小型企业

国外小型企业的营利模式一般是挣差价。所以，如果出口企业的主要客户群是国外小型企业，那么出口企业的营利模式就是卖东西，既然是卖东西，那么卖点就只能是产品性能、参数。面对小客户的各种砍价套路，它们不得不不断降低价格，挣微薄的利润，甚至靠出口退税生存。

（二）中型企业

国外中型企业的营利模式一般是讲故事。例如爱马仕、路易威登等，它们擅长讲各种王室、权贵、富豪跟本品牌相关的故事，告诉你只要用了它们的产品，你就跟这些欧美权贵建立了某种间接联系，所以大胆掏钱吧，买得越多越显得你的品位突出。客户群为国外中型企业的出口企业，请借鉴国外中型企业的营利模式，学会讲故事。

关于讲故事，我讲讲自己的观点。中国古代的帝王和皇后、后宫佳丽们用不用奢侈品？王公贵族用不用奢侈品？中国用奢侈品的时间有千年之久，怎么会没有题材？明朝有专门为皇室成员制作服饰的部门，叫作尚衣监。这是有明文记载的官方奢侈品店，而且不同阶层的人有不同的规制，我国当时的奢侈品分级标准比目前国外的严格多了。只要你愿意想，有太多的故事可以讲。中国几千年的历史不是负担，是财富。

有些出口企业发展的是新兴产业，那么你们不用缅怀过去，而要畅想未来，例如中国未来要引领5G时代等。如果你们企业是IT行业的，则可以把眼光放到千年之后的3019年，比如，中国制造的芯片控制的宇宙战机打败了外星人，拯救了世界。这样的故事拍成广告太贵，可以制作一个动画短片，如果还嫌贵，那么，可以去抖音或者喜马拉雅讲故事。中国人讲故事的能力真的比不过外国人吗？我坚信，中国人讲故事的能力绝对不比别人差。

（三）大型企业

国外大型企业，比如世界500强企业，他们的营利模式一般依托于标准，比如世界标准（ISO等）、行业标准。没有哪个企业可以把世界500强企业当作客户群，我们都只有被选择的命。无论是主动还是被动地接到世界500强企业的订单，之后都要被牵着鼻子走。不服气？请问你可以改变行业标准吗？那么这个行业标准是谁制定的？你的企业是否每年被例行检查几次或者被审计两次？在没有获得订单之前，你是不是要花一大笔钱去进行一系列的认证，谁给你认证？我相信未来会有一大批中国出口企业不再仅仅是以出口挣外汇为目的投身外贸行业，而是勇于参与世界各行业标准的制定。

三、客户背景

分析完客户来自哪个国家、哪类企业，你最终还是要面对一个个的“人”，是这些“人”在跟你谈生意。那么作为个人，在一个公司内部也是有不同阶层的。我根据权限将人员分为：

（1）一线员工：采购员、文员等；

（2）中层管理人员：采购经理等；

（3）高层管理人员：总经理、董事长、执行董事等。

我们不分析关于产品采购的具体要求，主要分析每个人的需求。

（一）一线员工的采购需求

作为一个国外企业的一线员工，比如办公室职员，她的需求是什么？或者说她的内心诉求是什么？是对她所在企业的战略规划负责吗？不是，作为一线员工，她只对自己的日常工作负责。她能给你订单吗？不能。她在整个外贸合作环节主要负责什么？她所做的工作就是收集信息。那么，我们要做的就是有效率地给她提供一些信息。为什么是提供一些，而不是全部？假设你收到一个国外询盘，要你把你们公司所有的产品信息及报价给他，你会怎么做？我建议，可以给他产品的目录，但是全部产品的价格就没必要给了。

（二）中层管理人员的采购需求

如果各位对国外，尤其是欧美企业的薪酬体系有一定了解，就会发现，其中层管理人员是比较“昂贵”的，年薪都相当可观。所以，中层管理人员做事情的机会成本比较高，一般来说，不能出差错，尤其是不能出比较大的差错。他们最关注的是什么？安全感！跟你合作靠谱吗？是为他的工作加分还是减分？所以遇到那些需要你提供各种资质、认证的客户，你基本可以断定他的内心需求了。这个时候，如果企业有硬件、软件上的优势，就赶紧都提供给他。面对这些中层管理人员，你一定要体现你的靠谱，给他安全感。

（三）高层管理人员的采购需求

如果你面对的是一个公司的高层管理人员或者老板，怎么办？恭喜你，你遇到了可以在最短时间内给你订单，并且绝对有权限、有预算给你大单的人。同时，你遇到的也是可以在最短时间内拒绝你，让你再也无法与他们合作的人。那么，国外这些高层管理者或者企业所有者有什么要求呢？你观察一下你的老板平时对采购人员有一些什么要求，然后想象一下如果是老板（一般是中小型国外企业，大型企业老板一般比较难见到）亲自采购，那么他需要什么？你能够提供让他获得持续现金流的产品或者服务吗？你能提供满足他产业链某个环节的最佳方案吗？你的成本控制如何？你的品质稳定性如何？总之，你是否能保证他在未来一段时间或者很长时间内能够轻松获得稳定的现金流？把这个说清楚，你会在最短时间内获得结果。

我最希望遇到国外企业的高级管理者，只要说明理由就可以迅速获得订单，而且不是小单。即使被拒绝，也能在最短时间内知道企业哪里存在不足，迅速反馈给本企业领导，让他们决定是否改善条件去满足国外客户。这个时候，外贸业务员是一个“中介人员”，为国内外企业高管提供“中介”服务。

第五章

跟单员的狠角色

大家如果看过“007 系列”电影，就会注意到在詹姆斯·邦德对外活动的过程中，有一群人在背后为他提供武器、情报、特勤服务。虽然他们的工作相对于詹姆斯·邦德来说，不是那么丰富多彩，但是绝对是不可或缺的。外贸部门的跟单员们就是为外贸工作中的那些“007”们提供各种后勤服务的幕后英雄。

第一节 | 对内：协调

在外贸业务员章节，我们介绍了外贸流程的细节。其实，外贸流程中的大多数具体工作都是由外贸跟单员完成的。下面我将介绍其中的要点。

一、生产部

（一）下生产单

跟单员从业务员那里获得外贸订单，根据合同内容，编写以生产单为主的厂内六联单。这需要跟单员对企业的产品（服务）非常熟悉，能够确定具体是哪款产品，不会下错单。同一款产品的不同配置也可能完全不同，所以，你如果对产品不熟悉，根本无法制作生产单。制作完的生产单，由外贸业务员或外贸经理再次确认、签字，以最快的速度发到生产部，并获得生产部主管的签字，然后回传到外贸部存档。其中最重要的是确定交货期。

（二）跟进订单

客户的订单执行到什么程度了？何时可以完成？好一点的企业都会让跟单员即时拍照片或者录视频给业务员，然后由业务员传递给客户，让客户放心。从服务客户的角度来说，跟单员需要去跟进订单。

从外贸业务部的角度来说，要完成部门业绩，销售额是重要指标。外贸主管要知道本月或者本周的销售额是多少，跟单员就必须即时告知订单执行情况。外贸的付款原则一般是先收订金，款到发货（也有使用信用证或其他方式的，环节稍微多一些，原则是先收钱），所以在货物生产完成之前，就可以提醒客户打全款了。所以，跟单员必须紧盯生产进度。

跟单员一旦发现工厂不能按时交货，就必须在最短的时间内通知相关订单的外贸业务员和外贸主管，跟客户协商如何解决。切不可到合同规定出货那天才发现生产根本没有完成，临时抱佛脚。

（三）发货、清关

全款如数到账后，跟单员必须尽快发货，发货前必须提前安排清关、物流等一系列工作。从单据的角度来说，如果企业内部没有报关员，那么必须提供报关委托书、货物订单合同、发票、装箱单、订舱单等出口单据。有些客户要求出具原产地证明，跟单员要联系中国国际贸易促进委员会（简称贸促会）或者大使馆办理原产地证明或者大使馆加签文件。

跟单员平时需要跟海关、报关行、船公司或者货运代理公司保持紧密联系，对出口流程非常熟悉，有效率地完成出货准备工作。

发货的时候，跟单员必须调度企业内部装柜人员，最大限度地装满货柜，并且确保货物的装柜安全。在货物的合理堆放方面，跟单员要确保货物不会因为颠簸而在货柜内撞击乃至破损，这需要在打包、捆扎以及上卡板等细节上做足准备工作。卡板在货柜内的堆放是个技术活，跟单员如果对包装尺寸不熟悉的话，则很难装好货，而且还会出现货根本装不进货柜的问题。在装货柜的同时，跟单员要拍照，让客户知道是什么船务公司的什么货柜装了他的货，装货情况具体如何。装柜前，跟单员要准备好出货的一切单据和放行条，在货柜车离开工厂后，马上联系报关行，再次确认报关事宜，直到海关放行，货物入驳船、上大船。之后，跟单员要跟物流公司确定最后的物权凭证——提单等文件。

（四）售后服务

跟单员要跟外贸业务员保持联系，确认在订单发货后的一定时间内，是否收到客户的反馈，反馈是积极的还是消极的。如果客户的反馈是消极的，那么部门或者公司的解决方案是什么？是否需要替换产品？跟单员需要及时沟通并且安排相关售后服务事宜，并且做好售后服务记录，比如哪些客户满意；哪些客户不满意，理由是什么；订单是否保质、保量、按时完成；哪些客户是优质客户。

二、财务部

很多企业的财务不懂外语，所以跟单员必须配合财务人员确定每一笔款项是否到账。跟单员首先要确定客户的订金是否到账，企业是否开始安排生产，然后必须得到财务部负责人的认定、签字；其次是配合财务人员查余款是否到账，经财务人员确认签字后，确定发货事宜；最后，发货完毕后，配合财务人员结汇。跟单员与财务人员配合的目的就两个字：收钱。在这个环节，跟单员要做的事情是充当客户、银行与企业财务人员之间的翻译官，负责把水单、汇款单或者其他相关单据的外文内容解释清楚，最重要的是确认钱是否到账。

三、采购部

跟单员开具的五联或六联生产单中有一份要交给采购部，采购部由此来准备订单所需的原材料以及相关文件。如果采购的物料不能及时到位，则会严重影响生产进度，所以跟单员在确定生产进度前要跟采购部确定全部物料是否在特定时间到位，遇到突发情况要提前确定解决方案，通知业务员，以免影响与客户的合作。遇到突发情况，要加急生产，跟单员要根据以往经验跟采购部确定，新的物料能不能在最短时间内到位，供应商、物流等中间环节如何配合完成超常规任务。

这些都是跟单员应具备的基本功。

四、技术部

在新品的样单生产中，跟单员需要跟技术部确定所有细节，并最终确定产品是否可以量产。量产订单一旦确定，跟单员需要配合业务员跟技术部、客户再次确定订单执行标准、检验标准和收货标准。所有标准确定后，才可以正式量产，力求技术条款没有争议。

五、质检部

五联或六联生产单中的其中一份要交给质检部。质检部根据生产执行标准和验收标准，严格按照合同规定时间，在发货前将批量产品进行全检或者抽检，确定产品品质；是否放行；是否出具相关的质检文件；是否需要随货包装，如无须随货包装，则需要告知业务员。

六、外贸部

跟单员是配合业务员工作的。所以，跟单员要跟业务员保持紧密沟通，确保每一个订单在执行前，没有任何疑义，确保正确理解客户或者用户要求。

在了解外贸部门相关业务后，跟单员要统筹安排自己的工作。例如，跟单员要同时负责 3 个业务员的跟单工作，那么就必须按照订单的执行时间、数量，提前安排好自己的工作时间，有条不紊地安排好所有订单，保证在各个环节上没有时间冲突，确定企业内部、外部各个部门都能顺利完成订单的执行工作。

根据部门订单的实际情况，跟单员要灵活调整自己的工作。跟单员要在订单旺季，配合业务员完成订单的执行；在订单淡季，配合外贸主管开发订单（这个主要是个人意愿）。尤其是干了一段时间跟单后，准备向业务职位挑战的跟单员，要经常跟主管沟通，了解部门的需求和主管的工作要求，积极主动地在开发客户上做好心理和行动准备。

跟单员最重要的也是日常最多的工作是外贸函件和各种文件的制作、存档。很多人说，外贸和内贸最大的不同就是外贸需要制作各种文件。无论是订单所需的合同类文件（合同、发票、装箱单等），还是物流（订舱单、提单等）以及报关、结汇所需的管理文件等，都需要制作、存档，这要花大量的时间和精力。部门进行数据分析的时候，能否在最短的时间内调出相关数据，就要看跟单员的基本功了。干这些活，需要人认真、细心、有耐心、有恒心。

对于外贸部门来说，跟单员是外贸部与其他部门对接的窗口，要代表外贸部门跟其他部门进行联系与沟通。很多人认为，外贸业务员的对外沟通非常需要技巧，而跟单员的对内沟通没什么技巧。这绝对是一个误解。跟单员的对内沟通也需要技巧，而且特别考验人。相比于外贸业务员的“对外作战”，跟单员要进行“内部动员”，面对同事，除了说服工作，一般也不能采用别的方式，遇到其他部门不配合、不作为时，不能像对外作战那样处理。俗话说：“不怕神一般的对手（客户），就怕猪一样的队友。”其实队友是猪还是神，与跟单员的沟通技巧有关。在一些企业文化建设非常随意的公司，经常是你一说需要帮忙，同事马上说他有困难。内部沟通不能采用武装斗争的方式，所以，没有沟通技巧，没有耐心，干不好跟单工作。跟单员需要高超的情绪控制能力，非心态好者不能为也。

第二节 | 对外：沟通

一、客户

跟单员虽然无须开发客户，看起来跟客户没有太多交集，但是客户订单的大多数执行工作都是跟单员完成的。所以，对于客户要求的理解，有些跟单员甚至比业务员还到位。有些客户为了节省成本经常换物流公司，很多事情需要跟单员重新跟客户或者客户指定的物流公司沟通。

有些老客户的订单，跟单员可能更理解客户的需求，甚至执行得比合同规定的还好。好的跟单员会从客户近期的订单中总结出客户的销售策略，从而为业务员或者外贸经理提供销售思路。客户验厂时，有些跟单员可以辅助业务员解说客户以往订单的执行情况，从而让客户全方位了解企业的产业链服务。有很多优秀业务员都是从跟单员这个岗位过来的，也就是所谓的“跟（单）而优则销（售）”。

二、银行

业务部门的活动都是为了从客户那里收钱。那么收钱的具体工作就是配合财务部查账。跟单员必须跟外币开户银行确定订单的订金、余款是否到账，然后根据钱到账的情况安排企业内部订单的执行以及企业外部的发货事宜。

如果客户的付款方式是电汇，则后续工作相对比较简单；如果客户的付款方式是信用证，跟单员就必须跟业务员一起去逐条确定信用证是否靠谱，是不是不可撤销信用证。如果自己没这个水平，跟单员就必须找开户银行，跟外币开户银行的业务经理确定信用证是否有效。跟单员要先确定钱是否到账，钱到账后，再确定结汇事宜。

客户每次付款，跟单员都需要给银行提供水单，一般4~5个工作日，电汇的钱会到账。信用证付款的到账时间一般是出货后3~5个工作日（可以提前跟银行确定）。

三、服务商

“工欲善其事，必先利其器”，跟海关、船公司以及贸促会等外贸出口相关的服务机构搞好关系，对于跟单员来说非常重要。这决定了他能否获得最佳的船舱价格；能否在旺季，尤其是爆仓的时候订到货柜；能否在最短的时间内完成报关、清关手续。这些都是跟单员功力的体现。特别是有些客户喜欢指定船公司或者货代，这些被指定的公司有时不像服务商，更像是客户的采购商，情商不高的人，根本配合不了。所以跟单员并非躲在工厂，每天做点文字工作，需要很强的沟通能力。

四、海关

这是外贸跟内贸最不同的环节。进出口商品要清关，在此之前还要经检验检疫部门确定，所以跟单员必须在清关前准备好全部资料。这没有什么创新性的工作内容，唯一的要求就是认真负责。涉及海关的文件都是统一的，只需要认真、细致地填写，快速提供。

外贸跟单员的日常工作大部分是准备各种文件和资料。要保证产品准时出货，一定要把相关环节提前安排好，工作必须严格按照日程执行。这需要跟单员随时关注各个环节的进度，万一遇到突发情况，必须提前通知业务员以及企业相关领导，尽快拿出解决方案，将损失减到最低。相比于外贸业务员沟通的对象只有客户，外贸跟单员需要沟通的人更多。跟单员在企业内部要沟通“六部门”，在企业外部要联系各类机构。有时候时间紧、任务重，整个销售部门只有一个跟单员，那么多业务员的订单执行都要一个人完成，那感觉简直酸爽至极。

总之，跟单是一个细活，非谨慎小心的人不能做好。一旦做好跟单员，就会对外贸整个流程非常熟悉，熟悉外贸的流程，外贸跟单员的职业规划就会非常清晰，要么做业务，要么做管理或者培训。只要基础牢靠，一切都不是问题。

第六章

外贸业务主管的高效管理

商场如战场，而要在战场中取得胜利，战斗指挥员的作用非常重要。《孙子兵法》对战斗指挥员给予高度评价：“知兵之将，主民之司命，国家安危之主也。”作为企业获得现金流的唯一部门——外贸业务部的主管，其重要性不言而喻。下面将介绍外贸业务部主管的主要工作。

第一节 | 选拔与培训人才

一、选拔人才

（一）选拔要素

谈到人才，外贸业务部门是从3个方面考量的：意愿、性格、能力。

外贸业务部门的相关岗位主要是业务员与跟单员，这两个岗位的工作要求完全不一样，收入也不同，一个不稳定，偶尔会“暴富”，一个相对稳定，但是收入的增加需要循序渐进。所以选拔人才，最重要的是看个人意愿，如果这个人不喜欢某个岗位，你把他放在那个位置上，对个人、对公司都是灾难。外贸业务员和跟单员对性格的不同要求前面我们分析过，对这两个岗位能力的考核可以在面试中体现。

（二）面试

面试环节测试的主要是以下几点：业务能力、外语能力、学习能力（潜力）、对外贸流程及世界地理的熟悉程度、心理素质。

我通常是同时面试至少 3 个人。我会先将面试者统一请到会议室，在每个人面前放一本企业目录，关于企业和产品的基本介绍，目录里都有比较详细的说明。我会让面试者在这里待 15~30 分钟。然后进行项目考核：笔试——外贸流程图、外贸信函的制作等；口试——演讲、辩论。根据应试者的表现，我对应试者的情况会有大致了解。

在考核过程中，首先，我会确定应试者的意愿。如果应试者对企业或者岗位势在必得，则会做一些准备，尤其是在等待的 15~30 分钟里，面前又有一本介绍企业和产品的目录，他们多少会看一下，有个初步了解。结果你会发现，有人看了，有人仔细看了，有人根本没看。在让他们根据喜欢的某款产品，为企业做一个爆款产品策划书时，有人写出了思路；有人不但写出了思路，而且还能结合企业产品言之有物；有人根本写不出东西，对企业和产品完全没感觉。

其次，我会确定一下应试者的学习能力。能够在 15~30 分钟对一家企业和产品有初步认知的人，无论是记忆能力还是理解能力、综合逻辑能力都是相当不错的，尤其是能够在笔试或者口试的时候言之有物，能够根据本企业或者产品将自己所学运用出来的人才非常难得。

最后，笔试特别考验一个人的思路和文笔，而口试则考验一个人的语言组织能力和性格。

至于如何安排外贸业务员或者跟单员的工作，其实主要在于个人意愿，取决于他们选择“刺激”还是“稳定”。这两者之间并非不能转换，有很多优秀业务员是通过跟单打好基础再换岗的，也有很多跟单员发现业务工作过于“刺激”，而他还是喜欢相对“平淡”的工作。作为外贸业务主管，要做的就是把合适的人安排在合适的岗位。

（三）绩效考核

如果说面试是第一轮选拔，那么绩效考核就是第二轮选拔了。根据一段时间的观察，通常至少是三个月，要论功行赏，有功劳的要进行物质奖励，并且私下沟通，暗示可以给他安排更多的工作，如果被暗示者也有相同意愿，那么公开表彰并予以提升，以此激励团队。没有完成任务的员工，就要了解一下是他的能力问题、态度问题，还是意愿问题，是否需要换岗。如今的年轻人对于不喜欢或者喜欢的工作的干劲是完全不同的，所以一旦他们说“不喜欢”，问题就会非常严重。

二、培训人才

相比于推广板块课程的倒三角形，业务板块的培训也是一个三角形，不过是正三角形（如图 6–1）。这个图形的意思是要从不同维度、不同层次、不同角度分析客户需求。外贸业务员要懂一些财务知识，知道怎么算账；要了解一些经济学原理，知道怎么预判产品或者服务的时间价值；要了解一些市场营销知识，知道怎么开展销售工作；要懂一些心理学常识，知道如何分析不同人的心理需求；要了解一些国外风土人情，随时可以挑起话题，能够与客户不断深入沟通；至少会一门外语，能够完成基本沟通。挣钱，从不轻松，是一件非常严肃的事情，胜利属于那些愿意持续对自己投资的勤奋者。

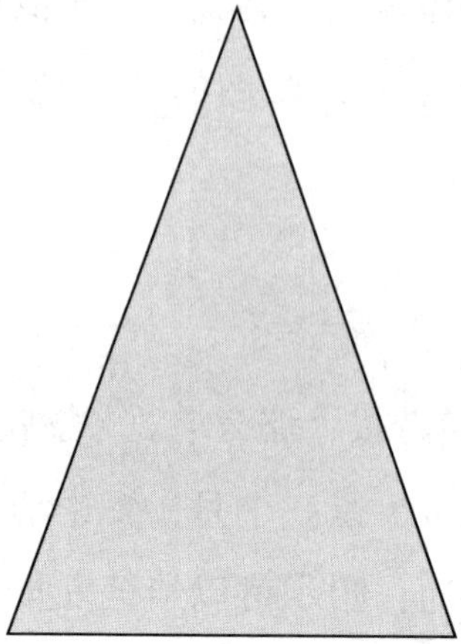

图 6-1　业务板块培训梯度示意图

外贸业务部门的主管是勤奋者中的佼佼者。要培训手下的精兵强将，其业务能力必须过硬，然后才能在这个基础上把自己的理解形成体系复制到团队中。这不是一件轻松的工作。

不仅如此，这个世界是一个快速进步的动态世界，为了保持优势，主管得不断地跨行业、跨专业学习。未来所谓的“专家”将逐一被淘汰，仅仅在某一领域有优势，未来必将被未知对手降维打击，或者直接被智能化设备淘汰，在存储和调取数据方面，绝对是机器更有优势。不具备多维度、跨学科综合应用知识能力的人，肯定被淘汰。

培训相关内容在推广领域已经讲过，这里重点谈怎么拿下不同国家的客户。

（一）各国客户的关注点

1. 美国客户

（1）效率。美国人最看重什么？效率。所以美国人的时间观念非常强。

（2）资金的周转率。最能体现效率的就是资金周转率了。你会发现美国人非常关注你的生产周期和运输时间。

（3）工作态度。美国人直爽、充满正能量、热情、乐观、自信，你可以犯错，但是态度绝对不能不积极。

（4）潜力。美国是一个重视潜力和远景的国家，美国客户在某些方面拥有汉唐时期的中国人的胸怀。对于他们来说，即使是小公司，只要勇于进取，也不是不可以合作。

2. 西欧及东欧（德国、瑞士、捷克、奥地利、俄罗斯等）客户

以德国为首的工业国家的客户，特别注意过程控制，坚信好东西是通过控制过程生产出来的。他们的关注点在产品和服务上，包括：

（1）工艺；

（2）生产流程；

（3）产品功能以及设计理念；

（4）质量控制点。

3. 北欧（瑞典、丹麦、挪威等）客户

如果你和北欧国家的企业有过合作，拥有各种认证证书，在商业交往中能体现生活品质，则会无往不胜。北欧人比较认同德国的工业水平，同时特别会生活。

4. 英国、荷兰、中东的客户

这些国家或地区的商业气息比较浓，对契约的执行非常严格。中东

的客户比较随性，与他们合作，钱要挣，人情也必须做足，要对他们热情，给他们一种亲兄弟、明算账的感觉。

重点关注以价格为主的商业条款：

（1）价格；

（2）售后服务；

（3）保质期；

（4）付款方式。

5. 亚洲（日本、韩国等）客户

（1）和气生财。一定要体现双赢局面。

（2）传统中国文化。汉唐文化深植于亚洲各国人的基因，如果你的传统文化功底到位，就会发现他们对你是仰视态度。

（3）流利的英文。

（二）培养业务员的综合演技

前面已经说过外贸业务员的演艺水平在所有行业中排第三。外贸业务主管相当于“外贸演艺学校”的老师，负责教授业务员各种演技，让其跟客户谈判。任何一个外贸业务员要有所成就，都必须经过三个阶段：龙套—主演—杰出演员。

为了便于大家理解，我以自己的外贸经历为例来进行讲解。以下是我外贸生涯的三个故事，希望能给大家一些启发。

案例 6–1　龙套的逆袭：我的首单是“韩剧”

1. 入行从翻译开始

2004 年，我进入外贸行业，我最开始的工作是翻译：翻译邮件、

翻译说明书、翻译技术资料。

（1）翻译与客户来往的邮件

在这个阶段，我主要翻译客户发来的邮件以及我们领导的回信。翻译客户邮件对我的帮助实在太大了。商务信函简洁明了，比学校或者外语考试里那些不知道从哪里找来的晦涩文章直白多了，而且国外客户使用的语言更原汁原味。通过与客户的邮件来往，你对自己产品的了解会深入得多，会产生满足客户需求的潜在欲望，这是成为一个优秀业务员的基本素质。

当时，公司有一个来自美国知名企业的客户 David（大卫），他是该公司的 CEO（首席执行官），特别懂技术。David 试用了我们的拆胎机样机，他几乎每天都要把测试的数据反馈给我。我的工作就是每天把他的邮件翻译好，读给老板听，老板告诉我怎么回复，我用中文写下来，老板觉得没问题，我再翻译成英文发给 David。几个月之后，我发现，我们针对他的样机进行了 63 项改进。此前我一点都不懂产品，正是在跟 David 的交流中，我了解了设备的要点。

客户也会犯错误，也有可能英文不好（非英语国家客户），也有可能对产品不熟悉，他们的邮件有时候会有很多“特色密码”。例如，“PLS make PI to me ASSP BTW，send me pictures of 666.”这句话正确的翻译是：“请尽快制作形式发票，并把型号为 666 的产品图片发给我。”有的高手会说，“as soon as possible”正确的缩写应该是 A.S.S.P，但是客户如果有时间去打那些点，那么为何要用缩写？至于 666，这是产品的型号，对产品不了解的人会以为客户要打 666 美元过来。所以，客户写邮件时常用的“特色密码”，你如果不熟悉，就根本看不懂。另外，有时客户会混淆产品型号或者性能，如果你不是真正理解客户的需要，并且对自己的产品很了解，则可能发错货。

（2）翻译说明书

我当时所在的公司最开始是做内贸的，所有产品的说明书都是中文的，后来做外贸，要将这些说明书都翻译成英文。我对专业术语一窍不通，当时又没有现在这么发达的翻译软件，我只能一个个翻译，请技术部同事帮忙制作图片。我当时所在的行业是汽车保养设备制造业，那时候汽车行业在中国是高端行业，厉害的汽车保养工厂都在意大利。我们工厂有一本意大利的产品说明书，上面有意大利文和英文，没有中文。我只能拿着说明书，对照图片，看每个部件的中文是什么，然后确定它的英文。最后，终于将公司几十款产品的英文说明书搞定了。

（3）翻译技术资料

不少客户对产品有自己特定的要求，会发一些资料给我们。当时，中国出口企业的老板和工程师一般不懂外语。所以，就出现了搞技术的不懂外语，懂外语的不会技术的情况。

在说明书中，为了让客户看懂，我使用了意大利原版说明书中的英文，为了让工人和工程师看懂，我使用了行话，所以说明书中就出现了“洋”“土”两种翻译。这在当时是一个创举，让客户和工厂皆大欢喜。后来，同行们甚至抄袭了我制作的产品说明书。例如，交折胎机（tire changer）上装卸轮胎的部件叫转盘（turntable），转盘上有一个移动滑块（slider），它因为外形长得像船，所以被工厂同事称作“小船”（small boat）。我将它们的对应关系写成“客户叫法（slider）= 工厂叫法（small boat）= 下生产物料单名称（小船）”。后来我发现同行的说明书上也出现了“small boat”的写法。

沟通是深入合作的基础，学会沟通，学会用不同语种进行正确的交流和传递信息，在商业活动中至关重要。

你不是在卖产品，而是在提供解决方案。我的这些能力都来自翻译工作对我的锻炼。

2. 自力更生做业务

大概过了一个多月，我对产品和公司生产流程有了初步了解，于是想做点业务。

最开始，我在所有我知道的免费 B2B 网站注册了账号。我在 B2B 网站上，不停地上传图片，上传我认为写得不错的产品广告以及技术参数。

终于，我在一个免费 B2B 网站——EC21 上收到一个询盘。EC21 是一家总部在韩国的 B2B 网站，当时网站规定每个用户可以发 5 个产品，而我就通过发的这 5 个产品钓到了“大鱼”。我放下手中所有的事情，全身心地研究客户的问题，没把握的地方赶紧去问工程师、请示老板。各位刚工作的同志们注意，即使技术人员说没有问题，也要请示一下老板，反之，老板说没有问题的，再问问技术人员，做到心中有数。最后，我将所有信息整理好，迅速发给我的第一个询盘客户。

之后，整整 3 个星期，这个客户没有问任何关于价格的问题，他围绕机器本身问了很多技术方面的问题，甚至发了不少图纸来确认我们是否能够按图纸生产。他不厌其烦地告诉我他们的主要市场是美国，所有的技术参数要符合美国的要求。

终于有一天，当我很细致地回答了他所有问题，等来了他的一封邮件：“I will make a visit in your factory on date ××.”（我将于 ×× 日到你们工厂参观。）

所以，第一次发邮件就问价格的绝对不是优质客户。真正的客户一定会不厌其烦地告诉你他的要求，而且他会想尽办法了解你们公司，你的产品是不是符合他的要求，为了避免语言不通带来的误会，他会耐心地发来图纸、资料、参数、技术要求等。这跟相亲一样，第一次见面或者在网上聊天就问你身价的姑娘，估计爱你的可能性为零，即使你腰缠万贯。

3. 拿下首单

我第一次接客户没有经验，迟到了。为了赔礼，在高速的服务区，我请这几位韩国客户吃饭，当时点了七八个菜。韩国客户非常高兴，一个翻译告诉我，他们只有过年才点这么多菜，平时就点几个小菜，以喝酒为主。韩国人不缺钱，只是日常的饮食没这么豪放。所以，后来我招待韩国客户都是先问问口味和忌讳，然后点一桌子菜，以量取胜。韩国客户如果喝酒的话，则整个宴席至少持续 3 个小时，不必担心菜点多了吃不完。

韩国人一天吃 6 ~ 7 顿饭。除了日常三餐外，下班后，一个课（韩国企业称部门为课）的人要聚餐，有时候整个会社聚餐。社长离开之后，副社长带着大家换个地方继续吃；副社长回家后，课长（即部门主管）带着大家换个地方吃喝或者去 KTV；之后，关系好的员工会再找个地方喝清酒、吃小菜；最后，极个别的人会自己找个酒吧待到凌晨 3 点，回家休息一会儿，第二天准时去上班。

客户来参观的时候，最好请他们吃得好一点。如果老板没有给你太多预算的话，那么建议请客户吃分量比较足的自助餐。

当时，没有公司领导告诉我客户验厂的时候，我该怎么招待、怎么引导参观，一切只有靠自己。

验厂开始后，我先熟练地引导韩国客户参观了厂房。各位一定要知道自己公司的优劣是什么，不要夸大优点，也不要完全暴露公司缺点。我主要展示的是我们两百多平方米的展厅。我把自己记得住的各种型号的设备像背书一样地讲给客户。这个时候一定要优雅，要表现如数家珍的感觉。要获得客户的信任，除了耐心、礼貌，最关键的是专业。因为我之前翻译了很多产品说明书，所以对各个机型的参数、机型之间的区别都相当清楚，所以客户问的关于参数的问题，我都能轻松应对。

出了展厅，几位韩国客户对我的专业水平非常认可。他们问我能不能按照他们的要求生产。我能直接告诉他们这是我第一次接这样的订单，我对这些不是很懂，我需要问技术人员吗？当然不行。我的回答到今天我都觉得经典：“特殊要求可能会使成本发生变化，我需要根据你们的要求进行财务核算，不能迅速给出回复，请谅解。”其实真正的原因是我对这些要求不了解，需要咨询老板和工程师。

参观完，韩国客户基本确定了他们感兴趣的机型，我们双方开始谈判。韩国客户参与谈判的是工程师、韩国分部部长、美国市场销售经理，我们企业的代表是我、厂长、生产部主管。韩方三人分工明确，工程师负责提技术要求，并且提供参数和图纸，韩国分部部长负责具体谈判并且计算相关成本，而美国市场销售经理则直接开始核算美国市场成本以及销售预期价格。

报价单是我制作的，我们的厂长和生产部主管都不会英文，只能让我来谈。最后，厂长和生产部主管干脆让我全权负责谈判。好在我大学的时候是老牌辩手，思维敏捷、语速快，唯一感到吃力的地方是这次用英文，我不太熟练。

当时的我初出茅庐，胆子大，一心只想将产品卖个好价钱，所以价格报得很高。韩国客户的还价本事也很高。我一报出价格，他们马上说我的价格高了、高在什么地方。人家把在韩国的运输成本和美国的运输成本以及营销成本、销售价格数据罗列出来，充分证明按我的报价，他们的利润微薄。

我始终不松口。厂长和生产主管劝我见好就收，因为此时的价格已经是历史最优了。在韩国客户齐心协力还价的时候，我的领导们也开始劝我成交。如果那几位韩国人懂中文的话，那么一定要笑疯了。现在看来，我当时确实是在冒险，各位朋友千万别学我。

于是，谈判陷入了僵局。怎么来缓解一下气氛呢？所幸公司中有一位同事对当地餐饮比较了解，推荐我们去了一家朝鲜餐馆。我心里想，韩国与朝鲜的口味和习俗应该差不多，说不定能让客户有回到家乡的感觉。事实证明，效果比我想象得还要好。餐馆里有穿着民族服饰的朝鲜姑娘表演朝鲜民族歌舞。喝酒的间隙，韩国客户们流了泪，说了一通韩语，翻译告诉我，他们对我非常感谢，他们从来没见过朝鲜同胞。

第二天，这几个韩国客户和我已经成为朋友了，谈判的进程快得惊人。价格大家也不争论了，基本按照我的报价：2 000 台机器，均价每台 600 美元。所以，我的首单金额是 120 万美元！

从表面上看，外贸是跟外国人买卖商品，实际上商品只是国际贸易中人际交往的载体。交易成败的关键在于你与外国客户建立了何种关系，如果你们之间仅仅是利益交换关系，那么外贸商务活动就太缺少美了。

验厂结束后半个月，我收到了他们传来的图纸以及订金。我这个菜鸟拿下了几乎整个行业当年最大的订单。

我开始思考如何处理个人与公司、客户之间的关系，如何使其达到平衡状态。如果我没有在配合客户发现产品以及企业问题的过程中，对企业有所了解，那么我能在谈判中挥洒自如吗？如果没有翻译说明书，那么我对产品以及企业的生产流程能那么熟悉吗？如果对产品、对企业没那么熟悉，那么我拿什么跟客户谈判？基本功是胜利的保证，各位外贸同仁一定要牢记。

好的开始是成功了一半，树立了自信的我，开启了开辟欧洲 28 个国家和美国 7 个州市场的外贸之路。

因为这个韩国客户的目标市场是美国，所以我对美国市场产生了浓厚的兴趣。我开始考虑很多以前从未考虑的问题，比如美国的关税、美国的国内运输、美国的批发价和零售价的定额、从中国到美国的运输价格，根据成本核算，倒推我们的工厂交货价（EXW），然后告诉客户，选择我们工厂是有利润的，让客户知道我绝对专业，不仅是对产品，而且是对市场。客户是最好的老师，再次感谢我的韩国客户，一次谈判就让我获益良多。

案例 6–2　主演是熬出来的：我的主攻市场是欧美

我接触的第一位美国客户就是前文提到的 David，他是我开发美国市场的“引路人”。通过帮助他改进样机，我初步了解了美国市场的准入标准、产品性能及参数要求、产品加工工艺及配件配比、售后服务政策。所以，后来碰到美国潜在客户，我只要说一下我对美国市场的理解，我们产品、工厂的概况，再邀请客户到我们工厂参观一下，就能拿下订单。

另外，我要感谢一位叫 Thomas（托马斯）的德国客户。他是我用谷歌找到，通过开发信成功开发的客户。我当时通过开发信开发客户的成功率还不错，基本达到了 5%。成功的秘诀是我抓住了我们工厂的卖点。我们工厂可以说是当时中国硬件最好的工厂，我制作的报价单包含图片、参数、装箱量、价格以及最小订单量、整柜订单配多少配件以及配件单等信息。在我们行业中，我是最早把报价做得这么详细的。

Thomas 是他们公司的首席技术工程师，对技术非常了解。我与他初期往来的几十封邮件几乎都谈的是技术问题，没谈过价格等商务方面的事情。所以，后来我给他报价，他基本不还价。这让我知道德国人对品质的要求高，对价格不是那么敏感。那年我们在北京参加行业展会，我邀请 Thomas 参加并告知了我们的展位号。同样的邀请我也发给了在谷歌上找的其他客户。

让我惊喜的是，这次展会，不仅 Thomas 来了，英国客户 David（不是美国那个）和匈牙利客户 Paul（保罗，其实应该是 Päul，但我不知道 ä 怎么发音，所以就叫他 Paul，他也没计较）也来了。我们从小被教育做任何事情要本着先易后难的顺序，但是我比较另类，开发欧洲市场的时候我向来推崇先难后易。对工业产品要求最高的莫过于德国客户，一旦你搞定了他们，其余国家的客户基本都会随之而来。

因为以前跟 Thomas 在邮件里聊过相关技术问题，所以我做好了准备，当 Thomas 问我技术问题时，我如数家珍地报出一大堆参数，David 和 Paul 在一旁听。等我和 Thomas 谈完，Thomas 要求去工厂看看时，David 和 Paul 直接说一起去。于是，我上午布展完，下午就带着客户坐上了去工厂的火车。

到了工厂，Thomas 对我们的设计、工序、样品进行考查，而 David 和 Paul 继续旁观。我不得不佩服 Thomas 的敬业精神，为了搞清楚一台生产线上设备的内部框架焊点，西装革履的他直接趴在地上观察设备的内部构架。那一刻我被德国人征服了。Thomas 对我的讲解非常满意，很多细节我说出了正确的数据，有些数据是我在工厂自己观察和记录的。如今的业务员很少去工厂了，这是一大退步。自己卖的产品有什么特性、多少个工序、多少个质量控制点、使用什么检具及何种检测方法，我们还是应该了解一下的。

之后，Thomas 说要签独家代理协议。这个时候，David 和 Paul 终于开始发表看法了，他们说他们也要签。David 单独跟我说要更多的折扣，我问他为什么，他说，“Because I come from Britain”（原因是我来自英国）我答应了他，但是要求他必须买得更多，他问为什么，我说，“Because you come from Britain. I trust your sales ability.”（因为你来自英国，所以我相信你的销售能力。）

因为特别喜欢看兵书和军事历史，所以我在面对商务竞争的时候把自己假想成了作战指挥官，而且我是那种特别喜欢白刃战（指不用武器远距离对射，在近距离发生的以格斗为主要形式的作战）的指挥官。打个比方，由于营口市是汽车保养行业基地，因此很多同行在一个城市、一个区、一个工业区的同一条街上，甚至门对门。所以我的竞争方式有时候有点嚣张。客户一般会同时参观几个工厂，我带客户参观完我们的厂房后，会送客户去竞争对手的厂房，然后等在门口，并且对客户说，“I trust that you finish visiting this factory，you will come back to me . I have the self-confidence.”（我相信你参观完这个工厂，还会回来找我。我有这个自信。）等客户准备离开对方工厂的时候，我直接当着竞争对手的面请客户和竞争对手的业务员一起去吃饭，结果，客户当然是跟我走了。

进入外贸行业的第一年，通过强悍的业务风格，我陆续开发了荷兰（非常大的客户，从销售额来看，是我的第一大客户）、瑞典、保加利亚、格鲁吉亚、俄罗斯、波兰、芬兰、捷克、奥地利等欧洲 44 个国家和地区的客户，我们的产品直接或者间接地在 28 个国家开始销售。同年，我开发了美国 7 个州的客户，开发了亚洲的新加坡、马来西亚、韩国、伊朗等国家或地区的客户。年底，我的外贸销售额（很多是第一单的样单，整货柜不多）达到了 80 万美元。整体销售额虽然不大，但是给了我极大的信心。我们主要服务汽车行业，当时的汽车强国就是美国、德国、日本、意大利等，除了日本没什么客户外，欧美市场我们基本都有客户，而且有很有实力的客户。

外贸第一年的经历极大地丰富了我的外贸业务经验，并且让我对产业体系有了模糊的认识。我开始可以调用更多企业资源，让企业相关部门围绕我的策划协同作战。每次客户签下订单的时候，我都感到自己的准备工作没有白费，看到工厂内几百台设备齐齐开动，做的都是自己开发的订单，那一刻，我的自豪感油然而生。我终于熬成主角了！

案例 6-3　世界 500 强企业订单：走上杰出演员之路

成为主角是一个演员的阶段性追求，而作为演员的终极追求是成为杰出演员。外贸业务员的终极追求是获得世界 500 强企业客户，这是成为销售王者的必经之路。让本行业最强或者最大的公司成为你的客户，意味着你的业务能力已经是世界级的。

我从业十几年，拿下的世界 500 强企业的订单并不多，但每一次都刻骨铭心。真正到了和世界 500 强企业合作的时候，演技已然不是重点了，实力是唯一的要点。世界 500 强企业的客户都是按照质量管理体系来选择供应商的。

我谈两点，各位外贸同仁就知道世界 500 强企业对于细节的把控有多严格了。

第一点是注重查看记录。世界 500 强企业要求任何事情必须有记录，找到谁是相关责任人、如何处理、是什么结果、谁记录、谁批准、谁签字。这不是要求供应商不出问题，而是要求一旦出现问题要明确如何解决、谁来解决、通过什么方式在多短的时间内解决。

第二点是随机聊天。世界 500 强企业的验厂人员会随机挑选一线工段员工单独“聊天”，没人知道他们在聊什么，但是如果他们从一线工人那里听到关于企业的负面评价，基本合作就到此为止了。一个企业内部员工对企业是一种抵触和敌视状态，这个企业的产品能不能合格？能不能持续保持品质？

对于业务人员来说，谈世界 500 强企业的订单需要什么技巧？技巧就是提升自己的思想维度，站在企业甚至行业的全局去看待问题，为世界 500 强企业客户提供具有比较优势的产品或者服务，在某个产业链条上帮助世界 500 强客户获得局部优势的方法。不开玩笑地说，谈一个世界 500 强企业客户，绝对能让人获得全面发展。光是制作的文件的字数都得有十几万,先不说业务员的文采和专业能力,他的体力跟不上也不行。

作为业务人员，简单来说，当你是菜鸟时，要有激情，熬出第一单；当你有订单后，要保持激情、多动脑、研究行业，成为本行业某方面的专家，然后向“主角”（企业王牌销售员）的方向努力；当你已经是企业王牌业务员的时候，思考一下自己的终极目标是什么，企业的终极目标是什么，自己是引领还是被引领着实现终极目标。

作为外贸经理，不要对业务员讲太多高大上的理论，只需要把谈判的要点和注意事项说清楚，然后尽量讲自己的故事，讲自己从菜鸟到精英的这个过程，多讲讲自己当年的糗事，让业务员们明白，只要努力，就可以实现目标，甚至可以超过他。不但业务做得好，而且有向管理方面发展的雄心的业务员，外贸经理要重点关注和培养，多给他讲讲管理要点，结合日常工作实例，让他明白，管理就那么几个要点，你只要有意愿，就可以做到。

第二节 | 制定营销计划

虽然推广部门也做营销计划，但是主要是务虚，相对而言比较侧重于理论模型，业务部门的营销计划比较务实，侧重于数据，比如在单位时间内要达到什么销售额。作为销售策略的落地部门，业务部的营销计划必须要条理分明，包括销售额的目标是多少、具体怎么干、在单位时间内单位人数的人要干多少活。

一、分析原有客户数据

原有客户数据是指在此前一段时间内，老客户、大客户贡献了多少销售额。通过数据分析，你可以比较精确地得出公司的目标客户群是什么类型。将实际成交的客户数量最多的、销售额最多的类型进行统一归纳，分析哪些是空白类型客户（某个行业或者某个地区没有的客户），原因是其用不上本公司产品，还是你们的营销计划有思维盲点。我们都知道二八定律，但是为企业创造 80% 销售额或者利润的 20% 的客户不会自动显现，需要我们通过数据分析去寻找。我们要知道这些客户都是什么类型的、模式如何复制，还有什么类型的客户是我们公司空白市场客户，需要我们去开发。

二、分析宏观经济形势

宏观经济形势分析包括产品处于什么周期；市场是牛市还是熊市；公司目前的产品线，包括热销产品、正在研发的产品，是否能保证公司从当前到未来某段时间的盈利。宏观形势影响的是整个行业，也就是说形势不好不仅对本公司有影响，对同行也有影响。这个时候，谁首先脱颖而出，谁就是这个行业的王者。所以，我们要分析消费形势的变化，分析热销产品的数据变化。

三、确定企业的战略定位

我们要分析企业的销售额是大幅度提升还是保持，能否接受部分衰退。那么，主打市场和主打产品如何做？空白市场和空白领域需要怎么做？是否要抽调精锐人员主攻这些市场和领域？所有分析必须有具体数据支撑。一般来说，只要采取守势，企业倒闭就只是时间问题。即使企业处于战略防御期也必须有反击手段，从销售端来说，企业每年必须推出一款新品维持市场份额。企业即使进行战略防守，也必须具备局部攻击的能力。

四、促销的比例和时间安排

要点有以下几项：

（1）针对重要市场、重要客户的个别销售策略。让重点客户继续下单，增加下单量。

（2）针对重要区域进行的整体促销策略。例如在特定日期采购特定数量的产品，在价格以及其他政策上给予优惠。

（3）不同国家、不同节日的促销活动。全年每个月都有节日，激励特定时期的特定客户采购产品。

五、人、财、物资源的分配

这是对外贸业务主管能力的考量，即如何运用有限的人、财、物资源去开发无限的外贸市场。

（一）将部门内部的精锐人员分配给重要客户和市场

其实，每年销售额任务的完成主要靠重要市场或者重要客户的订单。为了保证业绩，一般来说，重要客户或者重要市场必须用部门的精锐业务员去开发或者跟进。

（二）抽调精锐人员开发空白市场

外贸市场中的空白市场就是所谓的蓝海市场。例如美国是个不错的市场，但是公司没有美国客户，这就说明某些非常重要的市场对于公司来说是空白市场，需要抽调部门精锐人员去开发或者由主管亲自出手。

（三）差旅费的分配

一般来说，业务部门最大的开销是拜访客户的差旅费。用于业务开发的费用每个企业都是有预算的，外贸业务主管必须针对以往市场开发的数据，根据部门内部业务人员的成单率来分配这些费用，而不是平均分配。客户开发成功率高的人员理应获得更多的费用支持。

（四）制定激励计划

根据部门标杆和大部分员工的业绩来确定一个标准，比如日拜访客户数量、月销售额等。外贸业务主管要拿出具体奖励标准和相关激励政策。

第三节 | 日常管理

一、谈心

外贸业务主管日常最重要的工作是什么？我认为是谈心。外贸业务主管即使其他日常工作做得不尽如人意，但把这个工作做好了，团队也能具备一定的战斗力。

（一）谈心为什么如此重要

1. 年轻人是推动时代发展的主力

如今的年轻人，尤其是 90 后，跟我们年轻的时候不太一样。我们年轻的时候用来激励人的是艰苦奋斗精神，如今这个年代我拿艰苦奋斗去激励人，会被可爱的 90 后反问："我可以奋斗，但为什么要艰苦奋斗？"

为什么年轻人的想法会有这样的变化？首先是时代变了。通过表 6-1，我们可以看到世界工业发展的历程。

表 6-1　世界工业发展历程

时间	经济学	国家经济政策	企业（筹+资投资）	企业（运营）	时代脉络效率
1848 年	自由主义到国家计划主义	财政政策（国债+税收）+贵金属	作坊、工厂至股份公司	标准制时代（泰罗制）实质：拼人+拼机械设备、硬件	第一次工业革命：由蒸汽时代进入电气时代
1929 年	从凯恩斯主义到货币主义	财政政策（国债金融化）+货币政策（金本位法币至纯信用法币）	股份公司至上市公司	运用电子技术、软件	第二次工业革命：由电气时代进入信息时代
2008 年		电子货币甚至人体器官脉冲货币	跨界经合体	处理数据的能力	第三次工业革命：由信息时代进入数据时代

工业革命先是将人类社会由拼人力和畜力的时代进化到蒸汽时代，

而为了操作蒸汽设备，人类社会又进入了拼体力的时代，人类社会进入电气时代以后，人类由拼体力发展为拼脑力，这一点在人类社会进入信息时代后表现得更为突出。如今是数据时代，这是以体力为基础的拼脑力的时代，人们每天要处理的信息太多，如果体力不支，则根本无法完成工作。

新生代是从小玩智能设备长大的一代，他们在这一点上有天然优势。90 后没有经历过战乱，也没经历过物资匮乏的年代。不像我小时候，有钱都不一定能买到食物，必须有特定的粮票才能买到基本食品。所以 90 后对“艰苦”根本没有概念。就像晋惠帝听说闹饥荒，农民没有食物，说出“何不食肉糜”的话是一个道理。

我们普遍认为新生代太浮躁、太急功近利。看看表 6–1 再仔细思考一下，欧美工业化花了多少时间，而且这还是欧美国家在不断扩张、掠夺的基础上完成的。

我们中国在被世界各国掠夺了一百多年，被抢得一穷二白的情况下，靠自己的努力完成工业化只花了很短的时间。可谓神速！这个时代能让中国人慢下来吗？如果我们发展得慢，那么其他国家会怎么对待我们？所以，我们对年轻一代要给予理解。不是年轻人浮躁，而是时代逼得年轻人必须讲究效率。

2. 找工作变得容易

我们要从年轻一代的家庭来分析原因。90 后的父母一般是 60 后、70 后，而 60 后、70 后基本是中国的中坚力量，是改革开放进程的推动者和建设者，如今是改革开放的受益者，直白地说，他们有钱。所以，90 后基本不缺钱。很多公司发的基本工资可能还比不上他们父母给的零花钱。不只富二代，如今农二代的生活条件跟以前也不一样了。

我回乡几次，发现农村已经大变样，农民的生活水平在某种程度上不比城里差，吃的都是绿色食品——在城里属于奢侈品。特别是有些农户种植经济作物，比如茶、麻等，一年的收入相当可观，比去城里打工的效益好得多。所以，不一定非得去城里打工，换句话说，找工作没那么难了。

3. 年轻人太少了

最重要的是，现在的年轻人太少了。目前放开了二胎政策，就算有效果，10 年之内也解决不了问题。从人口结构来说，我们要善待年轻人。相信很多企业已经体会到了用工难的痛点了，如果还不珍惜年轻人，逼他们接受眼下的“苟且”，那么结果只会是年轻人都去追求“诗和远方”。远方在哪里？谁对年轻人好一点，谁就是他们的“远方”。

很多企业家觉得我没有站在企业的角度去看问题，现在的年轻人实在是有太多问题了。我也年轻过，也轻狂过，而且我跟 90 后共事多年，对 90 后知之甚详。90 后相比于我们更有性格，而且千人千面，很不好把握。如果一定要让我对 90 后进行总结，并且用历史人物来概括，我认为大部分 90 后像一个人——李白。

为什么说是李白？因为他有能力、有才华、有性格。李白作为一个求职者，曾经被唐朝的董事长——唐玄宗亲自接见过。李白有才华吗？他太有才华了。他有性格吗？他非常有性格。他让杨贵妃研磨，让高力士脱靴……在帝王时代，这么有性格的结果是：李白作为一个大诗人闻名于世。这是李白的追求吗？显然不是，否则李白不会醉酒失足溺死。李白有什么才能？他力能开三石弓，百步穿杨；十步杀一人，是极其高明的剑手。他的能力绝对不限于写诗。李白这么文武双全的人受到重用了吗？没有。为什么？因为李白去追求他的“诗和远方”了。

站在唐玄宗的角度，李白性格不好，但是绝对有才华，能不能把他放到合适的位置去历练？李白再不济，也比祸国殃民的杨国忠要强。如今的老板们觉得90后都是“李白”，都应该去远方吟诗，那么你还有人可用吗？只有听话的“乖孩子”能帮助你开疆拓土？我已经说过，外贸业务员一般来说都是掌握多维知识和技能的复合型人才，从某种意义上来说跟特种兵一样，你听说过特种兵是一群“乖孩子”吗？

回到李白的故事，如果能够把李白留下，那么通过实际工作让李白把理论知识跟实际工作结合起来，是否比让李白去远方吟诗这个结果要好呢？人才难得，作为外贸业务主管必须替老板多跟年轻人谈心。

（二）如何谈心

根据我的工作经验，人的意愿非常重要。所以要经常了解年轻人的情绪波动，时常给他们打气，不断帮他们调整、优化状态。聊天比刚性的绩效考核效果好得多。我们按照绩效考核，规定某个年轻人该年度必须完成多少任务，完成后给予多少奖励，完不成降薪、降职、调岗、炒鱿鱼，那么，年轻人听后内心有什么波动？如果不用绩效考核制度去对他进行硬性要求，聊什么？可以参考以下话题：

（1）你喜欢这个城市吗？

（2）你想在这里定居吗？

（3）你知道这个城市的房价吗？去看过自己喜欢的地段吗？

（4）这份工作能够助力你买房。我们一起来算一下房子的成本，比如房价是每平方米1万元，首付要40万元。你目前的工资只能满足日常开支，那么我们主要靠提成来满足首付。如果提成比例是4%的话，那么要得到 40 万元需要多少销售额？ 1 000 万元。1 000 万元的销售额要几年能达到？我们公司最优秀的业务员一年的业绩是 ×××，如果你在 3 年内升职，成为外贸管理人员，则工资每月将增加 ×××。你想提升销售额吗？部门给你提供培训。你想升职吗？部门给你提供机会……

经过谈心，你会发现，不是公司要他做，而是他自己想做。若干年后，这个年轻人实现了买车、买房、定居在这个城市的个人理想后，公司有收益吗？如果不是一个年轻人，而是很多个年轻人都实现了个人理想，公司有收益吗？如果一个公司成为年轻人实现个人理想的平台，那么这个公司离实现自己的宏图前景还会远吗？

谈心的时候要谈年轻人的需求、前景，展现未来很美好，只有努力才能实现的现实。一句话：逼年轻人干活（用一大堆 KPI 考核指标压迫）跟年轻自己想干活，结果绝对不一样！

二、报表管理

数据时代一切以数据说话。所以，外贸业务主管的另外一项日常工作就是报表管理，包括日报表、周报表、月报表和年报表的管理。

（一）日报表

日报表主要记录业务人员每天联系多少潜在客户、意向客户，成交多少客户，本日是否有成交记录，或者确定某种合作意向。

（二）周报表

周报表主要记录：业务员在本周联系的客户中有什么成果；已经签

约的客户执行情况如何；有无投诉。

（三）月报表

月报表主要记录：本月销售额是多少；主要客户是谁；下个月要实现销售任务需要在哪些方面努力；在意向客户开发过程中的主要问题是什么，有无解决方案。

（四）年报表

年报表主要记录：本年度销售任务是否完成；相比于上一年度，本年度销售额是增加了还是减少了；主要市场和主要客户表现如何；空白市场开发情况如何；爆款产品销售额如何；本年度主要市场、客户群和主打产品是否需要调整。

外贸业务部是销售任务的执行部门，一切行为要根据销售情况来调整。简而言之，外部业务部的工作过程就是计划、执行、观察、总结、优化、再执行。所有行动的依据是销售数据，不是主观因素。

三、团队活动

我一直相信教学相长这个理念。如今的管理活动不仅是领导教知识，员工执行，而且是一种互动。换句话说，90后作为数据时代的宠儿，在数据处理方面的能力已经远远超过其前辈。我作为70后，对此自叹不如，所以我也经常向90后学习。

90后的一个观念我非常认同，那就是“玩不到一起，怎么能工作到一起？”如今的年轻人对工作氛围有着非常高的要求，要求同事之间、领导和同事之间是一种非常轻松的互动状态。

我承认，相对于90后，我以前确实有点不懂生活，基本是工作狂，我曾经做过反思并有所调整。我特别重视每月一次的团队建设活动。每次的活动由90后同事提出本月活动的主题，安排去KTV、打篮球、玩真人CS等，我主要负责后勤工作。例如，90后确定要唱歌，我虽然不一定全场陪同，但是能够做到先唱3首，在大家兴致高的时候，默默地离开，最重要的是把单买了，毕竟有时候，我这个“老头子”在的话，年轻人有点放不开。

只要年轻人们在奋斗，我们不一定非得强调“艰苦”，但是对于我们自己来说，作为70后，每天工作14个小时，可以吗？当然可以，不要拿自己的标准去要求他人，工作模式到底是“996”（早上9点上班，晚上9点下班，一周工作6天），还是“997”（早上9点上班，晚上9点下班，一周工作7天），没有标准，以结果为导向即可。我们可以为年轻人提供一种借鉴，但仅仅是借鉴，不是标准。

所以，大家不妨思考几个问题：在工作中时刻保持快乐的心态重要吗？如果每个月我们只需要投入一天，就能让年轻人快乐起来，你愿意吗？老板是一个总板着脸的人，还是一个愿意为伙伴们的快乐买单的人？

第四节 | 大型客户的跟进与维护

外贸业务员在某些方面的确是特种兵，一些优秀的外贸业务员可以说是“兵王”。那么作为这些悍将们的老大，外贸业务经理手艺不精，想压住那些精兵强将是不可能的。有些业务订单需要外贸业务主管亲自出马。

一、盈利客户

这类客户是大客户，或者利润特别高的客户。他们的要求特别高，一般业务人员可能搞不定，需要外贸业务主管通过自己的经验和阅历去拿下。

如果这个客户太重要了，不容有失，那么也必须由外贸业务主管介入。有些优质客户会指定由主管级别的人为其提供服务。

二、不营利，但消耗产能的客户

对于工厂来说，产能饱和是一种奢望。在大多数情况下，工厂的产能并不饱和。所以，一些看起来不怎么挣钱，但是能够消耗产能的订单也得接。我们要知道，业务人员的主要收入是提成，这跟利润是正相关的，所以没什么利润就意味着业务人员的收入不是很高，这个时候，就需要业务经理出手了。如果业务员手头都是优质客户，能够把订单排满，那么最好不过，否则的话，就需要维持生产车间的成本摊销。这是一种不得已的防守状态，不可持续。一旦出现这种问题，就说明企业的产品线或者聚焦的客户群需要优化了。

三、使企业名利双收的客户

有时候外贸业务经理需要攻克一些能够使企业“名利双收”的客户，比如世界 500 强客户，让自己部门、企业扬名立万，以吸引更多人才。

为什么要谈世界 500 强客户？从宏观来说，这能够提升企业在产业链中的位置，优化企业内部管理结构，提升企业在国际市场的话语权。从微观来说，可以从精神、物质两方面来分析（见图 6–2）。

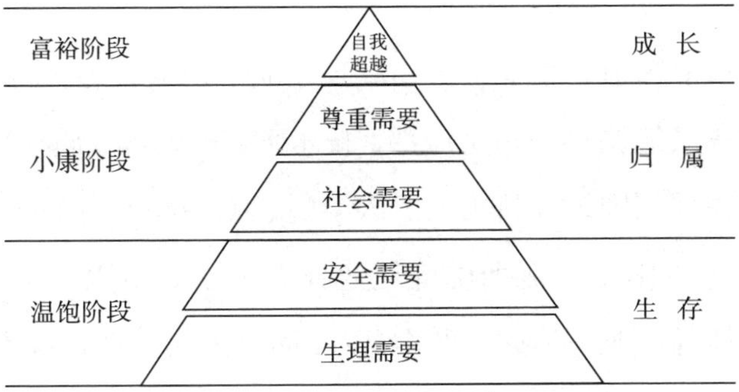

图 6–2 马斯洛需求层次论示意图

作为一家企业的外贸业务主管，这个职位是你人生的终点吗？如何提升自我？你是不是应该挑战世界强者？不想当将军的士兵不是好士兵，如果你已经是将军了，那么你能否扬威域外，让自己的名字成为行业代名词？

从物质上来说，世界 500 强企业客户一般不会让供应商获得太多利润，但是一般来说，世界 500 强企业客户的订单额不会太少。所以，拿下世界 500 强企业订单，企业的销售额不会太小。

另外，拿下世界 500 强企业客户对于任何一个企业来说都不容易。尤其是中小企业，世界 500 强企业的当量比你的企业大得多，虽然跟你谈合作可能仅仅是某个区域或者部门的负责人，但是人家掌握的人、财、物资源可能比你们企业老板的还多。所以要拿下世界 500 强企业客户，基本上要集全公司之力。这个级别的战役不是业务员能够打下来的。虽然有些王牌业务员可以通过个人技巧去争取，但是拿下世界 500 强企业客户要拼硬实力。

世界 500 强企业客户会考察公司文件体系、组织结构、现场管理、培训体系、验证体系、日常管理的方方面面。这需要谈判的人对公司相关情况非常了解，能够预判自己公司的质量管理体系是否达到世界500强企业的要求。

虽然大家都知道，拿下世界500强企业客户需要各个部门的配合，但是一个业务员能调动公司生产部、技术部、采购部、质检部、财务部、人事部等相关部门围绕项目去投入人、财、物力吗？有的企业老板要做到这点都有一些困难，更别说普通业务人员了。所以，必须由企业业务部门主管挂帅。他不仅要有业务能力，而且要对企业情况有正确把握，更重要的是有“将在外，君命有所不受”的勇气，敢于为了拿下世界500强企业客户这个终极目标，去面对一切困难、质疑，要敢于拼到最后。

所以，这个活不是一般人干得了的。世界500强企业客户基本是本行业的世界前三名，甚至第一名。挑战世界第一的勇气比技巧重要，比勇气更重要的是坚持，能否坚持拉上其他部门一起去争取，是外贸业务主管最大的挑战。

如果想从事外贸管理工作，又没有什么思路，那么，请看《孙子兵法》第一章，感受一下什么是“道”“天”“地”“将”“法”，再体会一下什么是“智”“信”“仁”“勇”“严”，相信你对外贸管理工作会有不一样的理解。

后 记

我从事外贸工作多年，深知没有名师指点，靠自己摸索确实非常痛苦和迷惘。如果自己在从业之初，就有名师指点，那么自己走的弯路会少得多。我从事外贸培训后，把自己摸索的这点“技巧”分享给广大外贸同仁，尤其是年轻人，希望为他们提供一些借鉴，让他们少走一些弯路。

有感于此，我一直想写这本书，无奈杂事太多，迟迟无法动笔。直到美国总统特朗普挑起了贸易战，我深感时不我待，于是就“挤”出了茶前饭后的业余时间，写了这本书。我写这本书只有一个目的，就是为外贸同仁提供借鉴。这本书中没有大道理，有的只是一些个人的心得和体会。外贸到底能为世界提供什么？能为中国提供什么？值得每个外贸同仁思考。

最后，我想对年轻的外贸同仁提出一个期望：我希望年轻的外贸同仁能够沉下心，多学习、多思考、多实践、多优化、多总结、多提炼，形成自己的外贸行事风格。批量化生产的时代已经过去，所以批量化的人才培养方式也将过时。外贸的工作形式正在发生日新月异的变化，以前可以获得订单的方法，以后未必行得通。所以，所谓的外贸技巧都有时间限制，如《易经》的“易”有“变易”的意思，也有“不易”的意思。外贸的形式会有各种变化，但是外贸的内核——为本民族扩大生存空间和扩充生存资源的本质不会改变。外贸不仅是一种生意，而且是一个国家实力的具体体现，它充满了张力。

几千年来，中国一直是世界工厂，交通工具和交通路径一直在变化，但是“一带一路”经济带周边的各国居民通过贸易与中国的产业紧密相连，互通产品、商业、文化等，提升生活品质的内核一直没变。作为外贸从业者，如何满足国外人民的物质和精神需求，提供相关物质和精神文化产品，让中国制造升级为中国智造，让中国再次找回历史地位，需要我们付出更多的努力和坚持。希望各位外贸同仁，尤其是年轻的外贸同仁多努力，让我们国家更快进入建立新标准的阶段，再次回到世界之巅。

书目介绍

乐 贸 系 列

书名	作者	定价	书号	出版时间
国家出版基金项目				
1. "质"造全球:消费品出口质量管控指南	SGS 通标标准技术服务有限公司	80.00 元	978-7-5175-0289-0	2018 年 9 月第 1 版
跟着老外学外贸系列				
1. 优势成交:老外这样做销售(第二版)	Abdelhak Benkerroum(阿道)	58.00 元	978-7-5175-0370-5	2019 年 10 月第 2 版
外贸 SOHO 系列				
1. 外贸 SOHO,你会做吗?	黄见华	30.00 元	978-7-5175-0141-1	2016 年 7 月第 1 版
跨境电商系列				
1. 跨境电商全产业链时代:政策红利下迎机遇期	曹磊 张周平	55.00 元	978-7-5175-0349-1	2019 年 5 月第 1 版
2. 外贸社交媒体营销新思维:向无效社交说 No	May(石少华)	55.00 元	978-7-5175-0270-8	2018 年 6 月第 1 版
3. 跨境电商多平台运营,你会做吗?	董振国 贾 卓	48.00 元	978-7-5175-0255-5	2018 年 1 月第 1 版
4. 跨境电商 3.0 时代——把握外贸转型时代风口	朱秋城(Mr. Harris)	55.00 元	978-7-5175-0140-4	2016 年 9 月第 1 版
5. 118 问玩转速卖通——跨境电商海外淘金全攻略	红 鱼	38.00 元	978-7-5175-0095-7	2016 年 1 月第 1 版
外贸职场高手系列				
1. 新人走进外贸圈 职业角色怎么选	黄 涛	45.00 元	978-7-5175-0387-3	2020 年 1 月第 1 版
2. Ben 教你做采购:金牌外贸业务员也要学	朱子赋(Ben)	58.00 元	978-7-5175-0386-6	2020 年 1 月第 1 版
3. 思维对了,订单就来:颠覆外贸底层逻辑	老 A	58.00 元	978-7-5175-0381-1	2020 年 1 月第 1 版
4. 从零开始学外贸	外贸人维尼	58.00 元	978-7-5175-0382-8	2019 年 10 月第 1 版
5. 小资本做大品牌:外贸企业品牌运营	黄仁华著	58.00 元	978-7-5175-0372-9	2019 年 10 月第 1 版
6. 金牌外贸企业给新员工的内训课	Lily 主编	55.00 元	978-7-5175-0337-8	2019 年 3 月第 1 版
7. 逆境生存:JAC 写给外贸企业的转型战略	JAC	55.00 元	978-7-5175-0315-6	2018 年 11 月第 1 版
8. 外贸大牛的营与销	丹 牛	48.00 元	978-7-5175-0304-0	2018 年 10 月第 1 版
9. 向外土司学外贸 1:业务可以这样做	外土司	55.00 元	978-7-5175-0248-7	2018 年 2 月第 1 版
10. 向外土司学外贸 2:营销可以这样做	外土司	55.00 元	978-7-5175-0247-0	2018 年 2 月第 1 版

书名	作者	定价	书号	出版时间
11. 阴阳鱼给外贸新人的必修课	阴阳鱼	45.00 元	978-7-5175-0230-2	2017 年 11 月第 1 版
12. JAC 写给外贸公司老板的企管书	JAC	45.00 元	978-7-5175-0225-8	2017 年 10 月第 1 版
13. 外贸大牛的术与道	丹　牛	38.00 元	978-7-5175-0163-3	2016 年 10 月第 1 版
14. JAC 外贸谈判手记——JAC 和他的外贸故事	JAC	45.00 元	978-7-5175-0136-7	2016 年 8 月第 1 版
15. Mr. Hua 创业手记——从 0 到 1 的“华式”创业思维	华　超	45.00 元	978-7-5175-0089-6	2015 年 10 月第 1 版
16. 外贸会计上班记	谭　天	38.00 元	978-7-5175-0088-9	2015 年 10 月第 1 版
17. JAC 外贸工具书——JAC 和他的外贸故事	JAC	45.00 元	978-7-5175-0053-7	2015 年 7 月第 1 版
18. 外贸菜鸟成长记(0～3 岁)	何嘉美	35.00 元	978-7-5175-0070-4	2015 年 6 月第 1 版

外贸操作实务子系列

1. 外贸高手客户成交技巧 3：差异生存法则	毅　冰	69.00 元	978-7-5175-0378-1	2019 年 9 月第 1 版
2. 外贸高手客户成交技巧 2——揭秘买手思维	毅　冰	55.00 元	978-7-5175-0232-6	2018 年 1 月第 1 版
3. 外贸业务经理人手册(第三版)	陈文培	48.00 元	978-7-5175-0200-5	2017 年 6 月第 3 版
4. 外贸全流程攻略——进出口经理跟单手记(第二版)	温伟雄（马克老温）	38.00 元	978-7-5175-0197-8	2017 年 4 月第 2 版
5. 金牌外贸业务员找客户(第三版)——跨境电商时代开发客户的 9 种方法	张劲松	40.00 元	978-7-5175-0098-8	2016 年 1 月第 3 版
6. 实用外贸技巧助你轻松拿订单(第二版)	王陶(波锅涅)	30.00 元	978-7-5175-0072-8	2015 年 7 月第 2 版
7. 出口营销实战(第三版)	黄泰山	45.00 元	978-7-80165-932-3	2013 年 1 月第 3 版
8. 外贸实务疑难解惑 220 例	张浩清	38.00 元	978-7-80165-853-1	2012 年 1 月第 1 版
9. 外贸高手客户成交技巧	毅　冰	35.00 元	978-7-80165-841-8	2012 年 1 月第 1 版
10. 报检七日通	徐荣才　朱瑾瑜	22.00 元	978-7-80165-715-2	2010 年 8 月第 1 版
11. 外贸实用工具手册	本书编委会	32.00 元	978-7-80165-558-5	2009 年 1 月第 1 版
12. 快乐外贸七讲	朱芷萱	22.00 元	978-7-80165-373-4	2009 年 1 月第 1 版
13. 外贸七日通(最新修订版)	黄海涛（深海鱿鱼）	22.00 元	978-7-80165-397-0	2008 年 8 月第 3 版

出口风险管理子系列

1. 轻松应对出口法律风险	韩宝庆	39.80 元	978-7-80165-822-7	2011 年 9 月第 1 版
2. 出口风险管理实务(第二版)	冯　斌	48.00 元	978-7-80165-725-1	2010 年 4 月第 2 版
3. 50 种出口风险防范	王新华　陈丹凤	35.00 元	978-7-80165-647-6	2009 年 8 月第 1 版

外贸单证操作子系列

1. 跟单信用证一本通(第二版)	何源	48.00 元	978-7-5175-0249-4	2018 年 9 月第 2 版
2. 外贸单证经理的成长日记(第二版)	曹顺祥	40.00 元	978-7-5175-0130-5	2016 年 6 月第 2 版

书名	作者	定价	书号	出版时间
3. 信用证审单有问有答 280 例	李一平　徐珺	37.00 元	978-7-80165-761-9	2010 年 8 月第 1 版
4. 外贸单证解惑 280 例	龚玉和　齐朝阳	38.00 元	978-7-80165-638-4	2009 年 7 月第 1 版
5. 信用证 6 小时教程	黄海涛(深海鱿鱼)	25.00 元	978-7-80165-624-7	2009 年 4 月第 2 版
6. 跟单高手教你做跟单	汪　德	32.00 元	978-7-80165-623-0	2009 年 4 月第 1 版

福步外贸高手子系列

书名	作者	定价	书号	出版时间
1. 外贸技巧与邮件实战(第二版)	刘　云	38.00 元	978-7-5175-0221-0	2017 年 8 月第 2 版
2. 外贸电邮营销实战——小小开发信　订单滚滚来(第二版)	薄如骢	45.00 元	978-7-5175-0126-8	2016 年 5 月第 2 版
3. 巧用外贸邮件拿订单	刘　裕	45.00 元	978-7-80165-966-8	2013 年 8 月第 1 版

国际物流操作子系列

书名	作者	定价	书号	出版时间
1. 货代高手教你做货代——优秀货代笔记(第二版)	何银星	33.00 元	978-7-5175-0003-2	2014 年 2 月第 2 版
2. 国际物流操作风险防范——技巧·案例分析	孙家庆	32.00 元	978-7-80165-577-6	2009 年 4 月第 1 版

通关实务子系列

书名	作者	定价	书号	出版时间
1. 外贸企业轻松应对海关估价	熊　斌　赖　芸　王卫宁	35.00 元	978-7-80165-895-1	2012 年 9 月第 1 版
2. 报关实务一本通(第二版)	苏州工业园区海关	35.00 元	978-7-80165-889-0	2012 年 8 月第 2 版
3. 如何通过原产地证尽享关税优惠	南京出入境检验检疫局	50.00 元	978-7-80165-614-8	2009 年 4 月第 3 版

彻底搞懂子系列

书名	作者	定价	书号	出版时间
1. 彻底搞懂信用证(第三版)	王腾　曹红波	55.00 元	978-7-5175-0264-7	2018 年 5 月第 3 版
2. 彻底搞懂关税(第二版)	孙金彦	43.00 元	978-7-5175-0172-5	2017 年 1 月第 2 版
3. 彻底搞懂提单(第二版)	张敏　张鹏飞	38.00 元	978-7-5175-0164-0	2016 年 12 月第 2 版
4. 彻底搞懂中国自由贸易区优惠	刘德标　祖月	34.00 元	978-7-80165-762-6	2010 年 8 月第 1 版
5. 彻底搞懂贸易术语	陈　岩	33.00 元	978-7-80165-719-0	2010 年 2 月第 1 版
6. 彻底搞懂海运航线	唐丽敏	25.00 元	978-7-80165-644-5	2009 年 7 月第 1 版

外贸英语实战子系列

书名	作者	定价	书号	出版时间
1. 十天搞定外贸函电(白金版)	毅　冰	69.00 元	978-7-5175-0347-7	2019 年 4 月第 2 版
2. 让外贸邮件说话——读懂客户心理的分析术	蔡泽民(Chris)	38.00 元	978-7-5175-0167-1	2016 年 12 月第 1 版
3. 外贸高手的口语秘籍	李　凤	35.00 元	978-7-80165-838-8	2012 年 2 月第 1 版
4. 外贸英语函电实战	梁金水	25.00 元	978-7-80165-705-3	2010 年 1 月第 1 版
5. 外贸英语口语一本通	刘新法	29.00 元	978-7-80165-537-0	2008 年 8 月第 1 版

书名	作者	定价	书号	出版时间
外贸谈判子系列				
1. 外贸英语谈判实战（第二版）	王慧　仲颖	38.00 元	978-7-5175-0111-4	2016 年 3 月第 2 版
2. 外贸谈判策略与技巧	赵立民	26.00 元	978-7-80165-645-2	2009 年 7 月第 1 版
国际商务往来子系列				
国际商务礼仪大讲堂	李嘉珊	26.00 元	978-7-80165-640-7	2009 年 12 月第 1 版
贸易展会子系列				
外贸参展全攻略——如何有效参加 B2B 贸易商展（第三版）	钟景松	38.00 元	978-7-5175-0076-6	2015 年 8 月第 3 版
区域市场开发子系列				
中东市场开发实战	刘军　沈一强	28.00 元	978-7-80165-650-6	2009 年 9 月第 1 版
加工贸易操作子系列				
1. 加工贸易实务操作与技巧	熊　斌	35.00 元	978-7-80165-809-8	2011 年 4 月第 1 版
2. 加工贸易达人速成——操作案例与技巧	陈秋霞	28.00 元	978-7-80165-891-3	2012 年 7 月第 1 版
乐税子系列				
1. 外贸企业免抵退税实务——经验 · 技巧分享	徐玉树　罗玉芳	45.00 元	978-7-5175-0135-0	2016 年 6 月第 1 版
2. 外贸会计账务处理实务——经验 · 技巧分享	徐玉树	38.00 元	978-7-80165-958-3	2013 年 8 月第 1 版
3. 生产企业免抵退税实务——经验 · 技巧分享（第二版）	徐玉树	42.00 元	978-7-80165-936-1	2013 年 2 月第 2 版
4. 外贸企业出口退（免）税常见错误解析 100 例	周朝勇	49.80 元	978-7-80165-933-0	2013 年 2 月第 1 版
5. 生产企业出口退（免）税常见错误解析 115 例	周朝勇	49.80 元	978-7-80165-901-9	2013 年 1 月第 1 版
6. 外汇核销指南	陈文培等	22.00 元	978-7-80165-824-1	2011 年 8 月第 1 版
7. 外贸企业出口退税操作手册	中国出口退税咨询网	42.00 元	978-7-80165-818-0	2011 年 5 月第 1 版
8. 生产企业免抵退税从入门到精通	中国出口退税咨询网	98.00 元	978-7-80165-695-7	2010 年 1 月第 1 版
9. 出口涉税会计实务精要（《外贸会计实务精要》第二版）	龙博客工作室	32.00 元	978-7-80165-660-5	2009 年 9 月第 2 版
专业报告子系列				
1. 国际工程风险管理	张　燎	1980.00 元	978-7-80165-708-4	2010 年 1 月第 1 版
2. 涉外型企业海关事务风险管理报告	《涉外型企业海关事务风险管理报告》研究小组	1980.00 元	978-7-80165-666-7	2009 年 10 月第 1 版

书名	作者	定价	书号	出版时间
外贸企业管理子系列				
1. 外贸经理人的 MBA	毅　冰	55.00 元	978-7-5175-0305-7	2018 年 10 月第 1 版
2. 小企业做大外贸的制胜法则——职业外贸经理人带队伍手记	胡伟锋	35.00 元	978-7-5175-0071-1	2015 年 7 月第 1 版
3. 小企业做大外贸的四项修炼	胡伟锋	26.00 元	978-7-80165-673-5	2010 年 1 月第 1 版
国际贸易金融子系列				
1. 国际结算单证热点疑义相与析	天九湾贸易金融研究汇	55.00 元	978-7-5175-0292-0	2018 年 9 月第 1 版
2. 国际结算与贸易融资实务（第二版）	李华根	55.00 元	978-7-5175-0252-4	2018 年 3 月第 1 版
3. 信用证风险防范与纠纷处理技巧	李道金	45.00 元	978-7-5175-0079-7	2015 年 10 月第 1 版
4. 国际贸易金融服务全程通（第二版）	郭党怀 张丽君 张贝	43.00 元	978-7-80165-864-7	2012 年 1 月第 2 版
5. 国际结算与贸易融资实务	李华根	42.00 元	978-7-80165-847-0	2011 年 12 月第 1 版
毅冰谈外贸子系列				
毅冰私房英语书——七天秀出外贸口语	毅　冰	35.00 元	978-7-80165-965-1	2013 年 9 月第 1 版

“创新型”跨境电商实训教材

书名	作者	定价	书号	出版时间
跨境电子商务概论与实践	冯晓宁	48.00 元	978-7-5175-0313-2	2019 年 1 月第 1 版

“实用型”报关与国际货运专业教材

书名	作者	定价	书号	出版时间
1. 国际货运代理操作实务（第二版）	杨鹏强	48.00 元	978-7-5175-0364-4	2019 年 8 月第 2 版
2. 集装箱班轮运输与管理实务	林益松	48.00 元	978-7-5175-0339-2	2019 年 3 月第 1 版
3. 航空货运代理实务(第二版)	杨鹏强	55.00 元	978-7-5175-0336-1	2019 年 1 月第 2 版
4. 进出口商品归类实务（第三版）	林　青	48.00 元	978-7-5175-0251-7	2018 年 3 月第 3 版
5. e 时代报关实务	王　云	40.00 元	978-7-5175-0142-8	2016 年 6 月第 1 版
6. 供应链管理实务	张远昌	48.00 元	978-7-5175-0051-3	2015 年 4 月第 1 版
7. 电子口岸实务(第二版)	林青	35.00 元	978-7-5175-0027-8	2014 年 6 月第 2 版
8. 报检实务(第二版)	孔德民	38.00 元	978-7-80165-999-6	2014 年 3 月第 2 版
9. 现代关税实务(第二版)	李　齐	35.00 元	978-7-80165-862-3	2012 年 1 月第 2 版

书名	作者	定价	书号	出版时间
10. 国际贸易单证实务(第二版)	丁行政	45.00 元	978-7-80165-855-5	2012 年 1 月第 2 版
11. 报关实务(第三版)	杨鹏强	45.00 元	978-7-80165-825-8	2011 年 9 月第 3 版
12. 海关概论(第二版)	王意家	36.00 元	978-7-80165-805-0	2011 年 4 月第 2 版

“精讲型”国际贸易核心课程教材

1. 国际贸易实务精讲(第七版)	田运银	49.50 元	978-7-5175-0260-9	2018 年 4 月第 7 版
2. 国际货运代理实务精讲(第二版)	杨占林 汤 兴 官敏发	48.00 元	978-7-5175-0147-3	2016 年 8 月第 2 版
3. 海关法教程(第三版)	刘达芳	45.00 元	978-7-5175-0113-8	2016 年 4 月第 3 版
4. 国际电子商务实务精讲(第二版)	冯晓宁	45.00 元	978-7-5175-0092-6	2016 年 3 月第 2 版
5. 国际贸易单证精讲(第四版)	田运银	45.00 元	978-7-5175-0058-2	2015 年 6 月第 4 版
6. 国际贸易操作实训精讲(第二版)	田运银 胡少甫 史 理 朱东红	48.00 元	978-7-5175-0052-0	2015 年 2 月第 2 版
7. 进出口商品归类实务精讲	倪淑如 倪 波 田运银	48.00 元	978-7-5175-0016-2	2014 年 7 月第 1 版
8. 外贸单证实训精讲	龚玉和 齐朝阳	42.00 元	978-7-80165-937-8	2013 年 4 月第 1 版
9. 外贸英语函电实务精讲	傅龙海	42.00 元	978-7-80165-935-4	2013 年 2 月第 1 版
10. 国际结算实务精讲	庄乐梅 李 菁	49.80 元	978-7-80165-929-3	2013 年 1 月第 1 版
11. 报关实务精讲	孔德民	48.00 元	978-7-80165-886-9	2012 年 6 月第 1 版
12. 国际商务谈判实务精讲	王 慧 唐力忻	26.00 元	978-7-80165-826-5	2011 年 9 月第 1 版
13. 国际会展实务精讲	王重和	38.00 元	978-7-80165-807-4	2011 年 5 月第 1 版
14. 国际贸易实务疑难解答	田运银	20.00 元	978-7-80165-718-3	2010 年 9 月第 1 版

“实用型”国际贸易课程教材

1. 外贸跟单实务(第二版)	罗 艳	48.00 元	978-7-5175-0338-5	2019 年 1 月第 2 版
2. 海关报关实务	倪淑如 倪 波	48.00 元	978-7-5175-0150-3	2016 年 9 月第 1 版
3. 国际金融实务	李 齐 唐晓林	48.00 元	978-7-5175-0134-3	2016 年 6 月第 1 版
4. 国际贸易实务	丁行政 罗艳	48.00 元	978-7-80165-962-0	2013 年 8 月第 1 版

中小企业财会实务操作系列丛书

1. 做顶尖成本会计应知应会150问(第二版)	张 胜	48.00 元	978-7-5175-0275-3	2018 年 6 月第 2 版
2. 小企业会计疑难解惑300例	刘华 刘方周	39.80 元	978-7-80165-845-6	2012 年 1 月第 1 版
3. 会计实务操作一本通	吴虹雁	35.00 元	978-7-80165-751-0	2010 年 8 月第 1 版